丰田的未来

人工智能时代的生存之道

日本经济新闻社◎编　孙逢明◎译

TOYOTA

浙江人民出版社

图书在版编目 (CIP) 数据

丰田的未来：人工智能时代的生存之道 / 日本经济新闻社编；孙逢明译 . —杭州：浙江人民出版社，2021.11

ISBN 978-7-213-10258-5

Ⅰ . ①丰⋯ Ⅱ . ①日⋯ ②孙⋯ Ⅲ . ①汽车驾驶 – 自动驾驶系统 Ⅳ . ① U463.61

中国版本图书馆 CIP 数据核字 (2021) 第 154405 号

浙 江 省 版 权 局
著作权合同登记章
图字：11-2020-295 号

丰田的未来：人工智能时代的生存之道

日本经济新闻社 编　　孙逢明 译

出版发行：浙江人民出版社（杭州市体育场路 347 号　邮编 310006）

市场部电话：（0571）85061682　85176516

责任编辑：潘海林

营销编辑：陈雯怡　赵　娜　陈芊如

责任校对：何培玉

责任印务：刘彭年

封面设计：红杉林文化

电脑制版：经纬方舟

印　　刷：杭州丰源印刷有限公司

开　　本：710 毫米 × 1000 毫米 1/16　　印　张：15.5

字　　数：132 千字

版　　次：2021 年 11 月第 1 版

印　　次：2021 年 11 月第 1 次印刷

书　　号：ISBN 978-7-213-10258-5

定　　价：68.00 元

如发现印装质量问题，影响阅读，请与市场部联系调换。

2017 年 12 月至 2019 年 10 月，大型企划——"丰田的未来"在《日本经济新闻》报纸经济版面上连载了近两年。本书正是由该连载编辑、润色而成。

记者在采访丰田汽车公司（以下简称"丰田"）总经理丰田章男时，强烈感觉到他确实很焦躁。这并非是对我们怀有什么恶意，而是因为在展望未来时，他觉得现在的丰田面临重重困难。丰田旗下员工总数多达 37 万人，从收益和销量来看的话是"最强的丰田"，看似一帆风顺。那究竟是什么造就了这样的偏差？该连载的初衷便在于弄清这一点。

丰田章男曾经这样说过，"过去总觉得'哪怕只是一点点进步，一天更比一天好'，然而如今不能这样想了"。一方面是因为谷歌等高科技企业不断加入到汽车行业来，很难对未来作出预测。另一方面，丰田章男认为最大的问题是员工的意识。他并非是担心人才质量的下降，而是认为"进了丰田便可高枕无忧"的人逐渐增多，这就滋生了得过且过的意识。本来丰田有能力做得更好，但竞争环境发生了巨大变化，"憨直"曾是丰田的优势，今后反倒会变成劣势，丰田章男有强烈的危机意识，这种想法越发使他感到焦虑。

这种焦虑和闭塞感其实是当今整个日本社会面临的问题。丰田汽车当然不希望自己被置于等同整个日本的地位，但丰田是日本社会的缩影。人们对丰田寄予了厚望，这也是作为基础产业的责任和义务。

针对丰田的改革，员工中存在一部分"抵抗势力"，客户有抵触情绪也是事实。丰田章男等管理层需要务实地、不辞辛劳地反复强调改革的必要性，好好向员工展示未来的前景，同时也介绍他们面临的困境。

汽车以及整个产业界所处的环境发生了剧烈变化，在"生死存亡的紧要关头"，是被创造性破坏牵着鼻子走，还是去主导它？全世界都在关注丰田汽车改革的成败。

最后，我想对配合采访的诸位表示感谢。文中出现的人物年龄和职务均基于连载时的年龄和任职。

日本经济新闻社名古屋分社

编辑部部长黑泽格

2020 年 2 月

目 录

第一章

深度结盟

　　谁都无法把握未来，我们不能贪图安乐，需要当机立断，付诸行动，哪怕会伴随伤痛。

——丰田章男

第一节　颠覆性变化迫在眉睫

"颠覆性变化"正逼近丰田。自从第一家批量生产汽车的工厂在爱知县投入生产，从最初生产纺织机转为生产汽车，大约80年过去了。电动化、自动驾驶以及共享汽车如潮水般涌来，谷歌等高科技企业对新市场的主导权虎视眈眈。丰田作为全球年生产1000万辆汽车的巨头，迎来了"生死存亡"的紧要关头。

"生死存亡"的紧要关头

2017年11月，在丰田汽车迎来创立80周年之际，爱知县丰田市的丰田总部会议室里，空气十分凝重。丰田总经理丰田章男说："谁都无法把握未来，我们不能贪图安乐，需要当机立断，付诸行动，哪怕会伴随伤痛。"

他这番话不是说给丰田工会的西野胜义执行委员长等人

的，而是在场的大约 90 名高管。他还暗示要将往年 4 月进行的干部人事变动提前到 2018 年 1 月。"如果谁搞错了角色，眼睛不盯着客户的话，马上就让他下台。"在 6.8 万人的大会上，这话说得很重，逼着高管们下定决心。

丰田总经理丰田章男的危机感很强
（2017 年 5 月公布决算，于东京都文京区）

　　8 天后公布的人事变动也不同往常。美国人工智能第一人、三井住友银行的法人金融专家、丰田通商的非洲王牌……一些人被委以重任，提拔了一批外部人才，管理层的年龄跨度很大，从 40 多岁到 70 多岁都有。新委任了 3 名副总经理，包括丰田章男曾经的上司小林耕士（时任电装副总经理）和原部下友山茂树（丰田专务董事）。丰田章男意识到这是"生死存亡的紧要关头"，冒着被批评任人唯亲的风险，也要让体制焕然一新。2018 年 2 月，丰田章男和 6 名副总经理在爱知县蒲郡市签下了"军令状"，表示要齐心协力，加快丰田集团的转型。

与日本主要产业渊源颇深

自明治时代起，丰田集团就与日本的主要产业建立了密切的关系。1918 年，集团创始人丰田佐吉先生在名古屋车站北部 1.5 千米的工厂内创办了丰田自动织布机制作社，研制自动纺织机，开展纺织业务。当时日本纺织业的产值超过 35 亿日元（当时的金额），占所有产业的一半。纺织业支撑着靠生丝和纺织品赚外汇的时代。

丰田佐吉一生扑在了纺织机的发明上，获得专利多达 84 项。然而，丰田喜一郎在子承父业后考察了欧美的产业，预感到纺织业的衰退，便设立了创业组织——汽车部。20 世纪 30 年代，日本市场上的新车几乎全部是美国福特汽车公司等外资企业的产品，丰田喜一郎投入了巨额资金，试图转型生产汽车。

汽车部专门采用日本产的零部件，投入生产后，有一段时间连一辆车都卖不出去。在占地面积 66 万平方米的母工厂（爱知县丰田市）每月持续生产 2000 辆，这为批量生产奠定了基础。然而由于"道奇计划"带来的不景气和劳资纠纷，丰田喜一郎辞去了总经理的职务。后来 1950 年爆发的朝鲜战争带来的大量订单使得生产数量有所增长。1952 年，负责管理整个丰田集团的丰田喜一郎与丰田利三郎相继去世。丰田章男总经理反复对周围的人说："创业成员遭到了很多批评，但是如果当初不转变经营模式，就没有今天的丰田。"

丰田依靠批量生产的花冠等车型提高了销售额，于 1997 年发售了全球第一辆混合动力汽车（HEV）——"普锐斯"，同时使用内燃机和电动机。2012 年以后，HEV 在全球的年销售量超过了 100 万辆。在日本，HEV 拥有大约 30 种车型，占整个汽车行业销售的四成。它的优势是，不仅可以利用现有的加油站，而且油耗低、噪音小，不过居世界新车市场首位的中国和第二位的美国将 HEV 排除在环保车范围之外。

丰田在全球开展新汽车的生产与销售活动。2017 年，日本的汽车产值达到 60 万亿日元，占整个制造业的两成，配套产业也很发达。2019 年 3 月末，丰田在全世界的员工增加到 37 万人，产业链与销售网点遍布全球。丰田的九成收益是靠汽车业务获得的。

曾在 1935 年丰田处于转型时，丰田就公布了"致力于研究与创造，始终走在时代的前列"的纲领，这句话的分量在如今比以往任何时候都要重。与 80 多年前刚创立汽车部时相比，资本和人才都在不断增多，正因为机构庞大，也就更难适应变化，再次转变经营模式会面临巨大的障碍。

吸取英国小镇的教训

丰田章男的这种危机感是有原因的，"不能成为第二个奥尔德姆"。以创始人丰田喜一郎为首，历代高层脑海里都有一个英国小镇。

英国的奥尔德姆小镇在 19 世纪是全世界纺织业的中心，在鼎盛时期生产的棉织品几乎超过法、德两国的总和。1922 年，丰田喜一郎在参加全球织机厂商巨头——英国的普拉特兄弟公司组织的研修时曾在该镇逗留过。

然而，1929 年，当他再次造访该镇时，已经今非昔比了。由于人造棉等低成本的化学纤维的兴起以及经济不景气，奥尔德姆的失业率达到了三成。东京大学名誉教授和田一夫（研究丰田喜一郎先生的权威专家）分析道："他目睹了全球首屈一指的大企业仅仅数年之间衰退的光景，这成为他事业发展的原动力。"

丰田在全球开展汽车的生产与销售活动

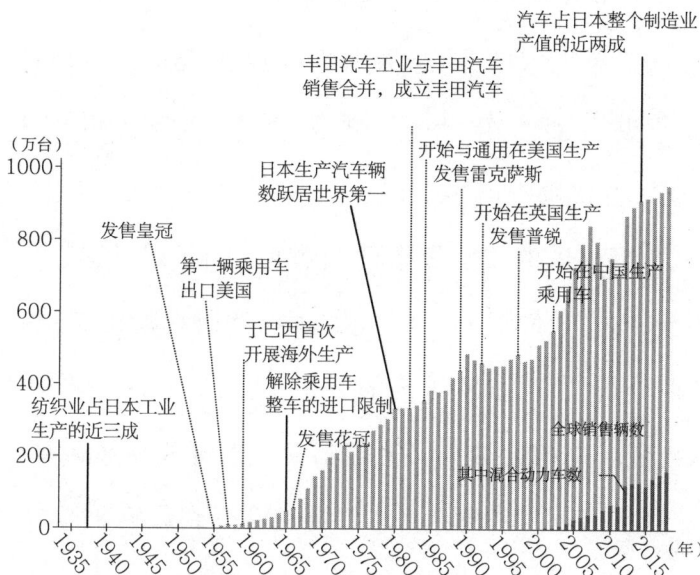

（万台）

- 汽车占日本整个制造业产值的近两成
- 丰田汽车工业与丰田汽车销售合并，成立丰田汽车
- 开始与通用在美国生产发售雷克萨斯
- 日本生产汽车辆数跃居世界第一
- 开始在英国生产发售普锐
- 发售皇冠
- 第一辆乘用车出口美国
- 开始在中国生产乘用车
- 于巴西首次开展海外生产
- 解除乘用车整车的进口限制
- 纺织业占日本工业生产的近三成
- 发售花冠
- 全球销售辆数
- 其中混合动力车数

1000
800
600
400
200
0

1935 1940 1945 1950 1955 1960 1965 1970 1975 1980 1985 1990 1995 2000 2005 2010 2015 （年）

注：1935—1974 年的销售辆数是日本经济新闻根据生产资料做出的推算。

　　丰田汽车通过不断改进技术，力求在便捷性和动力上做到极致，成长为全球数一数二的企业。2018 年在全球销售 1059 万辆，连续 6 年超过 1000 万辆。不过，这期间在中国市场的引领下，全球市场增长了一成，而丰田却慢了一步，再加上电动化、自动驾驶、共享汽车等浪潮一波又一波涌来。

　　2017 年春天，丰田的采购负责人交给部分厂商一张"蓝图"，让他们分析一下 2030 年之前对汽车经营的影响。图中预测：2030 年单纯使用内燃机的汽车占整体的 45%，与 2015

年相比大概"会减少一半"。相反，电动汽车（EV）与燃料电池车（FCV）合计占15%，而含插电式的HEV将会增长到40%。2017年12月，副总经理寺师茂树表示，计划在2030年销售各类电动汽车550万辆以上，其中EV和FCV超过100万辆，并试图提前实现该目标。

2008年秋季的"雷曼事件"过后，丰田销量减少，盈利减少了近15000亿日元。第一生命经济研究所的首席经济师永滨利广分析说："日本国内的乘用车生产减少10%的话，实际上国内生产总值会减少4万亿日元，就业岗位将减少4万多个。"一旦丰田发生动荡，日本经济也会受到影响。

2017年春天，丰田对零部件厂商预测，内燃机汽车的比例在2030年前会减少大约一半

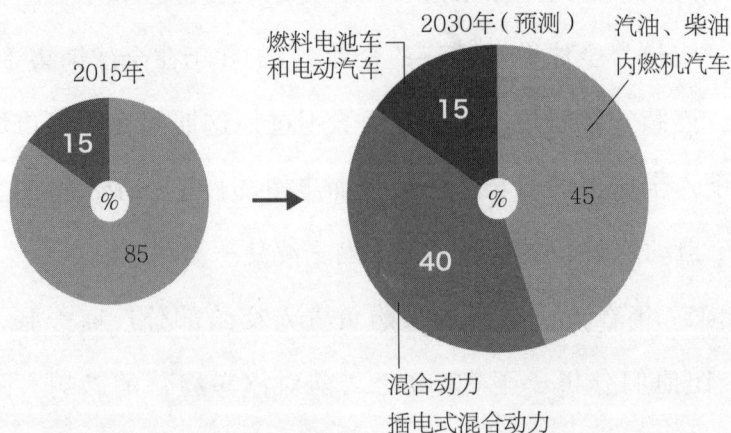

电动化加速形成"包围圈"

2018 年，丰田汽车在全球销售的 HEV 达到了 160 万辆，引领了环保车市场，在电动机和控制方面是引领"汽车电动化"技术的重要力量。

然而，拥有 10 多亿人口的中国和印度却表明要将 HEV 排除在外。中国计划在 2030 年将 EV 市场规模提高到 1500 万辆，并强化了针对 EV 的优惠政策，中国厂商在该市场还能抢占到较高份额，而丰田拥有压倒性优势的 HEV 却不在优惠范围内。

另外，谷歌的母公司 Alphabet 总市值大约是丰田的 4 倍，正加速开发全自动驾驶技术，试图抢占乘客运输市场。在顺风车领域，美国的优步和中国的滴滴出行每天都获得数百万乃至数千万人次的使用。

各种迹象表明："丰田包围圈"在逐渐缩小。

异乎寻常的数值目标

2017 年 5 月，在拉斯维加斯召开的经销商大会上，丰田在全美国 1500 家门店的代表齐聚一堂，从来不提数值目标的丰田章男一反常态地说："虽然我以前从来没说过，希望大家今后能将销售量提上去。"美国占据全球销售的 1/4，这句话的意思是竞争对手和规则都变了，我们需要将目光投向20年后，为进攻埋下种子，需要赚下原始资金。

丰田章男近几年挂在嘴边的竞争对手指的是苹果、谷歌等高科技企业。人工智能专家吉尔·普拉特先生成为丰田副总经理级别的特别研究员，他敲响了警钟："计算机的进化和汽车不同，它会以指数级速度造成创造性破坏。"

丰田章男在2008年亲自造访奥尔德姆的工厂旧址时也曾吐露："不能让爱知县和海外工厂重蹈覆辙。"

汽车产业迎来了百年一遇的变革期，丰田能否闯过这史无前例的难关呢？

第二节 联手突破"包围圈"

2017 年 9 月 28 日，丰田章男在美国得克萨斯州的北美总部对机构投资者断言："如今的竞争对手不是生产汽车的企业，而是创造技术的企业。"

新兴势力成为竞争对手

闪现在丰田章男脑海里的是势头正盛的新兴势力。他在公司内部会议上提及谷歌和特斯拉等企业名字的次数增多了。

谷歌的母公司 Alphabet 从 2009 年开始推进全自动驾驶技术的开发，投入了 166 亿美元（约合 18000 亿日元）的研发费用。

丰田在 2019 年度投入的研发费创下了历史新高，其金额为 11000 亿日元。在全球销售 100 多种车型，技术开发相关的费用巨大。

丰田的一名董事说："可以投入到自动驾驶、具备通信功能的'互联汽车'、EV 等未来技术的资金占不到全部研发费用的四成。"而谷歌表示不会直接生产汽车，将研发费集中投资在自动驾驶和互联汽车等信息技术领域。

"自给自足"有局限，由中国公司提供 EV

"我们考虑接受合作伙伴提供的 EV。"2017 年 11 月，丰田表明了接受两家中国合资公司供应 EV 的计划。在印度占据市场首位的铃木决定 2020 年前后投产的 EV 挂丰田品牌销售。大家都感到十分吃惊，爱知县某零部件厂商的高层说："过去都是自给自足，如今这种事根本无法想象。"而某丰田高层认为"当前已经不是自给自足的时代了，要想适应全世界不断变化的游戏规则，就要最大限度发挥合作的作用"。

2017 年 8 月，丰田决定与马自达汽车公司相互出资，这是一次史无前例的资本合作。之后，电装公司又加入进来，3家共同成立了开发 EV 的新公司。EV 的普及需要花时间，如何以少量生产获得利益是他们要解决的课题。副总经理寺师说："少量生产是丰田的弱项。"出于这种危机感，他们引进了专有技术，试图通过与日本合作方建立的"1700 万辆联盟"发起反攻。

丰田形成年销售量约 1700 万辆的联盟

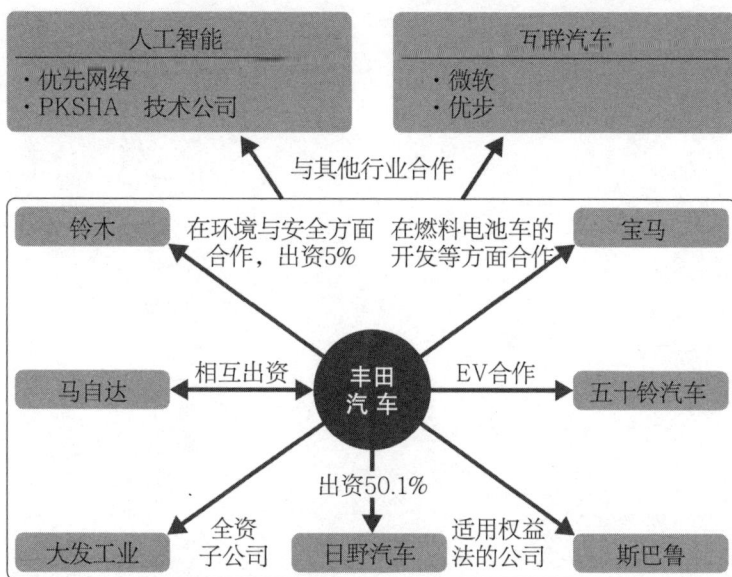

战线拉长，被迫全方位攻守兼备，丰田正加速合作

丰田的合作方不仅限于汽车生产商。创立于 2014 年的人工智能创业公司——优先网络公司总部设有丰田员工专用的办公室。丰田员工频繁到访，共同研发自动驾驶技术。

1908 年，Ｔ型福特诞生了，至此，汽车取代马车，成为运输的主角。然而由于欧美和中国不断提高环保标准，身为主角的汽油车朝不保夕。丰田章男身上有种焦躁感，他认为"在下一个 100 年，谁也无法保证汽车厂商能够继续担当流动性社会的主角"。要想突破"包围圈"，关键在于通过合作汲取外部的核心技术，同时主导制定新的市场规则。

⊙ 专访

制定规则时战友很重要

多摩大学规则形成战略研究所所长　国分俊史

——汽车产业所处的环境，包括竞争规则，都发生了很大的变化。

我认为现在不能单纯地去适应规则，也需要参与到规则的制定中去。以前需要解决的课题是：如何尽快适应汽车产业新公布的燃料消耗量限制等规定。也就是说，重要的是如何尽快推出燃料消耗低的环保车，这对于擅长制造的日本企业来说是可以大显身手的机会。

然而，如今形势发生了巨大变化。EV、FCV、自动驾驶等新一代技术不能只靠汽车业本身完成，它是在与基础设施的相互影响下发展的。汽车产业需要政府等多方人士共同参与，比以往更需要在大的格局下制定规则。可以说结盟的重要性日益凸显出来了。

——我印象中日本在规则制定方面慢了一步。

最具代表性的就是 EV 吧。欧洲、印度和中国政府相继表明支持 EV 普及的态度。看得出来，他们的目的不仅在于减轻环境负荷，还要扶持本国产业。另一方面，随着环保政策要求的进一步严格，日本领先的 HEV 有被排除在环保车范围之外的可能。

如果 EV 普及的话，电力消耗就会增大。不能只看汽车行驶时的环境负荷，如果按照从油井到车轮的概念，从燃料来源考虑环境负荷的话，在中国和印度等新兴国家，当前还是选择 HEV 更能降低二氧化碳的排放量。日本可以通过宣传这些优点参与到规则制定中。

——在这样的背景下，丰田、马自达、铃木等日企的合作在逐步扩大。您认为这会对规则的形成带来怎样的影响？

结盟变得很重要，我认为现在的发展方向是好的。不过，通过结盟形成'阵营'后，想要建设什么样的产业生态链呢？很可惜目标不够明确。从全球范围看，构建让人们感到惊艳的未来愿景，就要聚集各类玩家，唤起人们的期待，从而形成规则，这种例子也很多。我关注的不仅是日本方面，也想看看广大玩家是否能够建立充满魅力的阵营。

第三节　通过全球最大联盟与 GAFA 抗衡

丰田正在加速合作战略。美国四大 IT 企业谷歌、苹果、脸书、亚马逊（GAFA）都瞄准了新一代出行服务和汽车相关技术的方向，倾注巨额资金用于研发，中国方面也不甘示弱、跃跃欲试。丰田深感危机重重，决定和竞争对手马自达、铃木共同出资，也进一步深化了与斯巴鲁的资本合作。竞争规模和质量发生了急剧变化，丰田也加快了史无前例的改革步伐。

"在自动驾驶等大风大浪面前，我们必须求同存异，团结一致。"铃木株式会社董事长铃木修于 2019 年 5 月向丰田总经理丰田章男提出资本合作，同年 8 月，丰田决定拿出 960 亿日元，铃木拿出 480 亿日元，进行合作。自从两家公司在 2016 年 10 月公布业务合作意向，大约 5 年过去了，其间他们已经商讨了一些具体的协作项目，比如将 EV 投放到印度市场、生产汽车、开发动力传动系统等。

以17家公司为核心，丰田阵营不断扩大

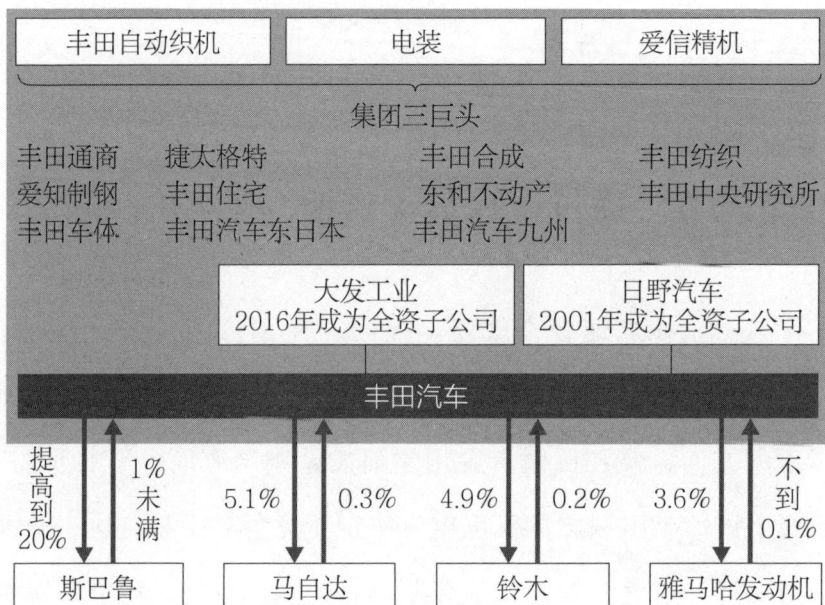

丰田自动织机	电装	爱信精机

集团三巨头

丰田通商	捷太格特	丰田合成	丰田纺织
爱知制钢	丰田住宅	东和不动产	丰田中央研究所
丰田车体	丰田汽车东日本	丰田汽车九州	

大发工业 2016年成为全资子公司	日野汽车 2001年成为全资子公司

丰田汽车

提高到20% ｜ 1%未满 ｜ 5.1% ｜ 0.3% ｜ 4.9% ｜ 0.2% ｜ 3.6% ｜ 不到0.1%

斯巴鲁	马自达	铃木	雅马哈发动机

注：2019年8月公布与铃木共同出资，同年9月公布与斯巴鲁共同出资（数字是出资比例）。

否认"全凭资本"

"单靠资本扩大规模也没有意义""丰田不会成为摇钱树""即使没有资本关系，也能结盟"。丰田高层提到合作战略时，一贯坚持否认"全凭资本"。2018年与五十铃汽车解除资本关系后，又重新开始在电动化等方面开展合作。然而，最近

两年，丰田又相继与马自达、铃木、斯巴鲁共同出资。那么，深化资本关系的分界线究竟在哪里呢？

在开始谈判业务合作之际，召开记者招待会，丰田总经理丰田章男（左）与铃木董事长铃木修握手（2016 年 10 月，于东京都文京区）

丰田下定决心进行资本合作的事例越来越多，原因之一在于看不清汽车厂商的未来，不确定因素增多了。

新缔结资本关系的马自达董事长小饲雅道表示："为了解决汽车行业将来的课题，需要开展中长期合作。"铃木过去在没有资本关系的情况下与丰田不断加强合作，铃木董事长铃木修解释说："在自动驾驶和氢气发动机等大风大浪面前，我们最好加强同盟关系，共同应对无法预见的未来。"厂商难以单独应对互联、自动驾驶、共享、电动化带来的挑战，可以选择与丰田的合作模式。

自从开展全方位合作，与马自达和铃木分别花费 2 年和 3 年时间，逐步增加了合作项目。其间，丰田与马自达的高层在广岛县的测试场地、与铃木的高层在滨松市的工厂等地多次面谈。在决定长期合作后，才开始分别出资在美国新开工厂、共同开发 EV 的基础技术和开发自动驾驶技术等。

丰田与各方开展合作

2017 年 8 月	与马自达达成共同出资的协议，共同在美国建设新工厂。
2017 年 9 月	丰田、马自达、电装 3 家公司成立电动汽车公司，共同研发 EV 的基础技术。
2017 年 11 月	开始探讨与铃木的业务合作。
2017 年 12 月	公开表示与松下探讨车载角型电池的合作。 铃木、斯巴鲁、日野汽车、大发工业参与电动汽车公司的策划。
2018 年 6 月	向东南亚最大的配车服务公司 Grab 出资 10 亿美元。 与电装达成协议，合并功率控制的基础部件业务。丰田将位于丰田市的广濑工厂转让给电装，进行批量生产。

2018 年 8 月	向美国最大的配车公司优步出资 5 亿美元，与电装、软银、VISION 共同出资。
2018 年 10 月	与软银合作，开展自动驾驶等新一代汽车业务。共同成立 MONET Technologies，提供出行服务。
2019 年 1 月	公开宣布于 2020 年底之前与松下成立生产车载电池的新公司。
2019 年 4 月	无偿公开 HEV 等电动汽车的专利。
2019 年 5 月	与松下达成协议，合并住宅相关业务。2020 年 1 月成立合资公司。
2019 年 6 月	表明要与电池巨头宁德时代、比亚迪等合作采购电池，2020 年在日本投放 EV。 马自达、铃木、斯巴鲁、大发工业、五十铃汽车等与 MONET Technologies 开展资本、业务合作。
2019 年 7 月	公开表示向中国最大的打车软件公司滴滴出行出资 6 亿美元（约 660 亿日元）。
2019 年 8 月	与铃木达成共同出资的协议，在自动驾驶领域开展合作。
2019 年 9 月	向斯巴鲁追加出资，将其变为适用权益法的公司。斯巴鲁也向丰田出资。

步步紧逼的新竞争对手

另一方面，旗下拥有谷歌的 Alphabet 和美国亚马逊的研发费用每年达到 2 万亿至 3 万亿日元，超过了丰田的研发费用。他们将目光聚焦到出行服务领域的自动驾驶等尖端科技领域，不断加大投资力度。丰田的研发费用占销售额的比例 3% 多一点，而 Alphabet 和亚马逊则超过了 10%。由于零售业和金融行业已经引入新技术，很明显现有企业会面临一场恶战。

中国的百度也在自动驾驶平台注入了巨额投资。电池是电动汽车竞争力的关键要素，目前供不应求，中国的电池厂商通过先行投资成长起来，掌握了更多的话语权。

关于资本合作召开记者招待会，丰田总经理丰田章男（左）与马自达总经理小饲雅道握手（2017 年 8 月，于东京都中央区）

与步步紧逼的新竞争对手不同，全球大多数汽车厂商创立于 20 世纪，逐渐发展壮大起来。因此，各大企业拥有众多员工、生产设备、销售网点。通用汽车、福特汽车等公司由于减产，不得不大幅裁员。丰田章男说："没有竞争力就无法维持业务，也就无法留住员工。"他认为不能一味追求规模，应当建立起在成本和研发方面具有竞争力的联盟。

这样的结盟，既要加快与其他行业合作的速度，也要相互牵制。与亚马逊、优步科技、软银集团等以 IT 为基础的其他企业也会在新的领域联手。

即使新一代出行服务也需要依靠制造业的力量，来实现汽车的安全性、耐用性和舒适度。丰田阵营包括生产轻型汽车的大发工业和铃木，生产中型车的斯巴鲁和马自达，生产商务车的日野汽车和五十铃汽车，年产规模合计达到 1700 万辆，丰田某高层说："通过汇集各大公司的优势，提高竞争力，成为其他行业无法忽视的阵营。"

也要开展国际合作

自 2018 年秋季开始，丰田章男在日本汽车工业会的集会等场合反复提到"地球家园"这个词。汽车产业是面向消费者的事业，他说："客户视角与环境问题没有国界。我们不能站在对立面看问题，重要的是向全球推广环境和安全技术。"

具有代表性的例子是，2019 年 4 月，丰田表示无偿提供与 HEV、EV、FCV 相关的电动汽车技术的专利使用权。之后，相继与北京汽车集团等中国汽车厂商在电动汽车领域开展合作，看来其目的是在与全球最大的中国市场结盟。

汽车作为运输物品和乘客的主角，普及已经有大约 100 年了。由于信息技术、人工智能的飞速发展，消费者的价值观和行为正在发生巨大变化。以拥有汽车厂商为前提，开发、生产、销售新车的商业模式难免会缩小。立足于出行服务的普及，丰田章男提到了"生死存亡的紧急关头"，这句话流露出他想进一步开展国际合作的决心。

第四节　赞赏斯巴鲁"绝不变成丰田"的志气

丰田对斯巴鲁的出资比例提高到 20%，将其变成适用权益法的公司，丰田高层在谈及此事时表示："中村知美总经理下定了决心，选择丰田汽车作为最后一个合作伙伴。"

所谓"决心"，是指一部分业绩会反映在决算上，与丰田同生共死，是在公司内部对此颇有抵触的情况下做出的决定。所谓"最后一个"，是指以前斯巴鲁作为坚持自有技术的中坚汽车厂商，曾多次与通用等业内巨头开展合作。

电动化以外的领域

"差不多该开始了吧。"有关人士透露，关于追加出资的具体谈判始于 2019 年春天。丰田于 2019 年 8 月底公布了与铃木的资本合作，也就是说同时在推进两个项目的谈判。

除了在自动驾驶、互联汽车等电动化领域的合作以外，同时推进谈判的新合作项目中，跑车和四轮驱动技术的共同研发受到了广泛关注。他们有一种危机感，那就是在应对电动化的同时，如果不生产戳中车迷的"尖头车"，就会被用户鄙弃。

在公布扩大合作之后，两家公司的用户在网络论坛中纷纷留言表示期待。"86（跑车）/BRZ的新车型研发项目定下来了，好开心。"丰田的高层认为，通过电动化的巨额投资可以分散风险，不仅有这样的实际利益，在生产"尖头车"时，丰田还可以借鉴斯巴鲁的技术，在研发方面得到支持。

很多企业撤出了"水平对置发动机"和汽车运动领域，而斯巴鲁凭借在该领域磨炼的四轮驱动技术保持了稳健行驶的特色。正因为如此，才吸引了一批又一批忠实的"斯巴粉"。斯巴鲁的中村总经理说"斯巴鲁绝不会被丰田同化"，强调公司和品牌的独立性。对于丰田来说，这也是求之不得的。丰田章男表示会最大程度地尊重他们的意愿。

丰田的"86"（跑车）

2019 年 7 月 18 日，以丰田为首的集团各公司的高层汇聚在长野县茅野市，召开了以"交通安全"为主题的"蓼科会议"，会上除了马自达的小饲董事长，还有铃木的铃木俊宏总经理、斯巴鲁的中村总经理。中村总经理说："安心、安全是品牌的根基。"丰田打算积极创造这样的机会，共享汽车生产的思路。

丰田在合作中不会大肆宣扬资本法则，丰田章男非常低调地表示："我们公司必须努力，让其他公司都来选我们作为合作伙伴。"话虽如此，如果对方一直很弱，联手的意义也就不大，也无法在研发电动化的全球竞争中胜出。

"对铃木和斯巴鲁最近的动向还是很在意的。"马自达的某位员工在专心研究阵营内的其他公司。铃木和斯巴鲁的员工同样也很在意对方。某位丰田高层也承认想通过竞争机制促进发展，如果阵营内部的竞争加剧的话，就会形成共赢局面。

子公司面临挑战

丰田进一步强化了与大发工业、日野汽车等阵营中的老牌子公司的资本关系，他们如今正面临巨大的挑战。

日野的下义生总经理是该公司第一个担任丰田母公司的常务董事的人，经过一番磨炼，被提拔为日野的总经理。上任后，他决定与母公司丰田的竞争对手——德国的大众开展合作，同时也加快了信息技术系统等日野公司内部的体制改革。人们认为下义生总经理跟丰田章男很像，某丰田高层评价说："他每天都激情饱满、叱咤风云。"

关于全资子公司召开记者招待会的丰田总经理丰田章男（左）与大发工业三井董事长（2016年1月，当时三井先生任大发总经理，于东京都中央区）

在丰田汽车研发中心（中国）有限公司奥平总一郎总经理的带领下，大发也在急速推进改革。大发的一名高层说："一个劲儿要我们'提前''提前'，比以前更加体会到了速度感。"而丰田高层则说："大发是我们的第一个孩子，所以必须要他加倍努力。"

独立还是认同

结合各个企业的发展历程、与丰田汽车交往的历史、资本关系等，如果进行分类的话，有一种看法是将丰田汽车、丰田自动织机、电装等 17 家公司作为狭义上的丰田集团。这 17 家公司的总经理每月聚在一起召开一次集团会议，丰田的一名高层将他们定位为"核心成员"。斯巴鲁虽然是丰田适用权益法的关联公司，却不在这 17 家公司范围内。

关于相互持股和追加出资，斯巴鲁的中村知美总经理解释："这是更进一步突破外壳与樊篱的证据。"

斯巴鲁逐渐接近核心，这对 17 家公司是一种激励。不过，斯巴鲁越是强调其作为对等的合作伙伴的独立性，它与包括核心成员的整个阵营之间产生的偏离就越大。

资本关系尚且薄弱的马自达与铃木在阵营中应当如何定位呢？在独立性与认同感之间如何取得平衡？这将是一个大课题。

第五节　在现实世界里生存下去的优势

"一起努力实现无人驾驶出租车吧。"2019 年秋，丰田不动声色地在美国宾夕法尼亚州建立了新的研发中心，距离优步的自动驾驶研发中心不太远。其目的在于顺利推进与优步共同研发的自动驾驶项目。开业典礼上，丰田、电装和优步的领导数十人欢聚一堂，相互约定要促使项目取得成功。

丰田、电装和软银集团旗下的基金一起向优步研发自动驾驶的子公司出资，合计 10 亿美元（1000 多亿日元）。此次合作的关键是由传感器等组成的自动驾驶装置，要开发"新一代汽车"，以期大幅降低成本。

通过共享汽车，自动驾驶汽车的实用化取得了一定进展，然而由于搭载了大量高性能的传感器，当前价格高达数千万日元。要想普及必须进一步降低成本，丰田的一名高层说，"需要降到 1000 万日元"。为了降低价格而研发的便是新一代汽车。优步的自动驾驶技术加上丰田和电装持有的批量生产以及降低成本的技术，试图抢占在全球的领军地位。

丰田等公司出席与优步的签约仪式（右起第二位是丰田的副总经理友山茂树，于 2019 年 4 月）

迄今为止，丰田逐步加快与铃木以及斯巴鲁等汽车厂商结盟的速度，同时也在加强与其他行业的合作。2018 年以后，丰田先后向优步和东南亚最大的网约车公司 Grab 出资。也和软银合作，成立了一家新公司，提供出行服务。

在电动化战略下，单凭汽车厂商无法完成技术开发，因此加快了与信息技术行业的融合。丰田通过以往的经营奠定了制造的根基，打造了销售网，丰田总经理称之为"在现实世界里生存下去的优势"，正是这种优势不断吸引世界各地的企业加盟。

丰田在电动化的各个领域加快与其他行业的合作

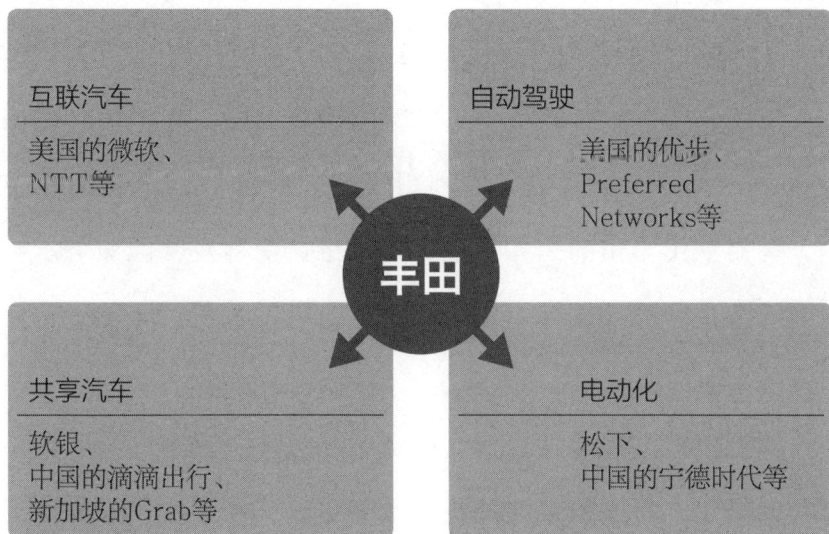

互联汽车	自动驾驶
美国的微软、NTT等	美国的优步、Preferred Networks等

丰田

共享汽车	电动化
软银、中国的滴滴出行、新加坡的Grab等	松下、中国的宁德时代等

丰田在新一代电动化领域增设与其他行业联手的新公司

主题	主要举措
互联汽车（C）	在美国与微软成立互联汽车相关企业。
自动驾驶（A）	2018年在东京与电装、爱信精机成立"TRI-AD"。
共享汽车（S）	2018年，与软银成立MONET echnologies。
电动化（E）	2017年与马自达、电装成立EV C.A. Spirit。

2019年7月，中国最大的共享汽车公司滴滴出行的高层来到日本，参加与丰田的资本业务合作签约仪式。该高层强调："通过以往的合作产生了信任感，我们对丰田充满期待。"

丰田与滴滴出行达成一致，成立合资公司，在中国提供出行服务。通过这家公司，向利用滴滴出行服务的司机出租车辆，同时活用丰田的销售网点，提供维修保养及保险服务。丰田与滴滴出行总公司向合资公司出资共计6亿美元（600多亿日元）。

滴滴出行是中国共享汽车市场中的巨头，汽车厂商向其出资实为罕见，是丰田现实的优势改变了这一状况。丰田与滴滴出行之前就通过维修保养互联汽车进行实证试验，除了丰田，滴滴出行还相继与中国及欧美的汽车厂商开展合作。丰田的一名高层说："我们作为滴滴出行的合作对象，只是其中之一。"

在滴滴出行共享汽车使用的车辆市场份额中，据说丰田占比超过10%，远远超过了在中国新车销售市场所占6%的份额。据丰田一名高层说，这是因为"丰田车辆的耐用性能等受到了很高的评价"。另外，在广州市周边进行实证试验时使用了数十辆丰田汽车，在销售网点提供维修保养及司机培训等服务。花费一年时间验证了这种做法是可行的，才促成了合作。

丰田之所以加强与汽车厂商的合作，目的之一在于扩大其在现实世界中的优势。在自动驾驶实用化之前需要巨额的开发成本，各家公司统一标准的话，就能够大幅降低生产成本，减轻研发压力。这种技术基础成了"梧桐树"，吸引其他行业的"金凤凰"，作为合作伙伴加盟。

在 2019 年 5 月的决算发布会上，丰田章男谈到了结盟，他强调："重点是结盟并非由丰田做出选择，而是丰田处于被选择的地位。"其他行业也牵扯进来，争夺汽车产业主导权的竞争正在日益加剧。丰田能否打造充满魅力的联盟，在国际上显示其竞争力呢？

第六节　重组采取主场与客场战略

"眼下有什么担心的事吗？"

2018年底，丰田章男与电装有马浩二总经理来到位于爱知县丰田市的丰田汽车广濑工厂，一边视察一边听取该工厂员工的意见。

广濑工厂负责生产HEV的关键零部件——动力控制单元（PCU），丰田将其出售给电装，在2020年4月完成移交。通过集中到同样生产动力控制单元的电装，实现提升竞争力的目的。

这是丰田第一次将工厂转让给零部件公司，正因为如此，员工们非常担心，众说纷纭。"我当初进的公司是丰田，不是电装。""我们已经不再是丰田所需要的人才了吗？"虽然劳资双方通过谈判确定了具体的调动条件，但是工厂里依然存在一些不满的声音。

丰田提出集团内部重组采取"主场与客场"战略，由于作为试点的广濑工厂难以推进，其他项目也只能更加慎重地推进。丰田章男与有马总经理之所以结伴视察广濑工厂，原因之一就是，他们认为此次工作调动的顺利进行对于今后的战略实施极为重要。

丰田系统4家公司的总经理在新闻发布会上互相携手（2018年8月，于名古屋市）

2018年，丰田与电装和爱信精机共同成立了丰田高级开发研究院（TRI-AD），研发自动驾驶技术。2019年，电装又与爱信在爱知县安城市成立了BluE Nexus公司，研发和销售用于电动汽车的驱动装置。

BluE Nexus 象征着两家公司的联姻，成果逐渐凸显出来。爱信一直从事用于电动汽车驱动装置的开发与销售，2019 年 9 月在北海道丰顷町的试验场首次向媒体公开了一款试驾车，搭载了他们正在开发的驱动模块 "eAxle"。

这款电动驱动模块的特征是两挡变速，分低速挡和高速挡，当时速达到约 90 公里时，会平滑切换到高速挡，兼顾了加速和 EV 特有的顺畅行驶。驱动模块将电机、逆变器、集成传动轴打包在一起，集成传动轴由爱信集团生产，逆变器由电装供应，电机则由两家公司联手打造。

电装的有马总经理在提到与丰田集团内部进行的业务合作时说："如果将丰田集团内其他公司拥有的技术合在一起，就能以点带面，形成超强团队。"

爱信与电装，再加上捷太格特与爱德克斯于 2019 年 4 月在东京都中央区共同出资成立了一家名为 J-QuAD DYNAMICS 的公司，旨在开发用于自动驾驶的集成控制软件。在电动化市场不断扩大的背景下，该公司着手开发的是自动驾驶的核心技术。如果丰田信得过他们的技术，便会委托给他们。

一旦 EV 真正普及了，人们对引擎等内燃机的需求便会减少。Alphabet 以及中国的阿里巴巴集团等 IT 行业巨头也将加入自动驾驶的研发中。面对市场的变化，丰田集团的各家零部件公司也想抓住新的商机，加紧推进结盟。

为应对电动化，各家供应商也在扩大合作

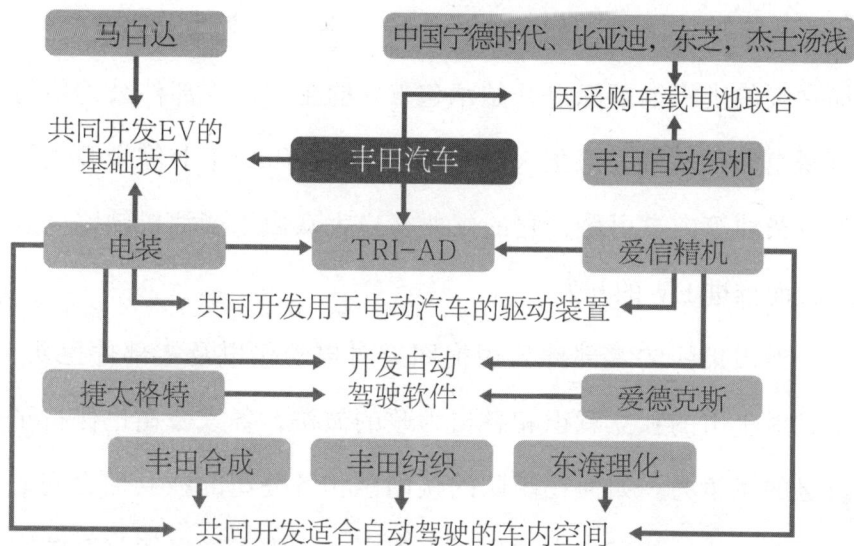

马白达

中国宁德时代、比亚迪，东芝，杰士汤浅

共同开发EV的基础技术

因采购车载电池联合

丰田汽车

丰田自动织机

电装

TRI-AD

爱信精机

共同开发用于电动汽车的驱动装置

捷太格特

开发自动驾驶软件

爱德克斯

丰田合成

丰田纺织

东海理化

共同开发适合自动驾驶的车内空间

丰田自动织机曾将叉车搭载的锂电池推向实用化，也将涉足发展空间很大的 EV 市场。2019 年 6 月，该公司与丰田汽车、松下共同加入了由全球最大的车载电池厂商中国的宁德时代新能源科技、比亚迪，东芝，杰士汤浅组成的电池联盟。

在 2019 年 10 月举办的东京车展上，丰田纺织与丰田集团

各公司共同展出了一款基于自动驾驶时代的未来空间概念车，这是首次展出与集团各公司共同开发的产品。自企划阶段起就与电装、爱信、丰田合成、东海理化 4 家公司联手开发，利用了它们在汽车空调和安全气囊领域的优势。

从全球范围看，除了德国的博世涉足共享汽车业务之外，加拿大的麦格纳国际也开始承包 EV 的生产，零部件公司纷纷进军电动化领域。德国大陆集团打算在 2030 年前停止开发汽油、柴油等内燃引擎，它的主要客户大众由于柴油机缺陷问题也转而推进 EV 的开发。

丰田集团的零部件公司抱团应对电动化以及零部件巨头，不过对丰田的独立意识和各自为政的做法，各家公司也保持了自己的竞争力。如何在团队的认同感和各公司的独立性之间取得平衡，才能使竞争力达到最大化呢？作为主导集团战略的团队核心，丰田的政策正面临更大的考验。

对于集团和丰田本身来说，今后认同感将会比以往更为重要，因为它会增加丰田一如既往的竞争力。2019 年 10 月，丰田在第一次秋季劳资谈判中确定了当年冬天的一次性奖金协议，管理层与员工对事业环境达成了共识。全体员工应当有主人翁意识，同时管理层也要继续诚恳对话，今后偶尔也要使用类似秋季谈判的非常规策略。

第七节 从外部打破公司内的壁垒

"有必要开发这种车吗？"当初丰田汽车内部反对声很高的开发项目如今成了合作的支柱。

仅靠自己公司已达到极限

"e-Palette"计划在 2021 年东京奥运会和残奥会上用来运送国内外运动员的全自动驾驶汽车。这体现了丰田将出行工具作为服务的"出行即服务"（Metal as a Service，简称 MaaS）新战略。车身呈箱体形状，内部空间很大，可用作小型商店、餐车、出行工具等多种用途。

在 2025 年之前，丰田将与美国的亚马逊、必胜客分别进行快递、送餐等实验。自动驾驶汽车装载了人工智能及大量半导体，成本非常高，需要尽快开发多功能车型。出于慎重考虑，公司内部往往有很多反对意见，为了打破这一壁垒，丰田打算借助公司外部的力量。

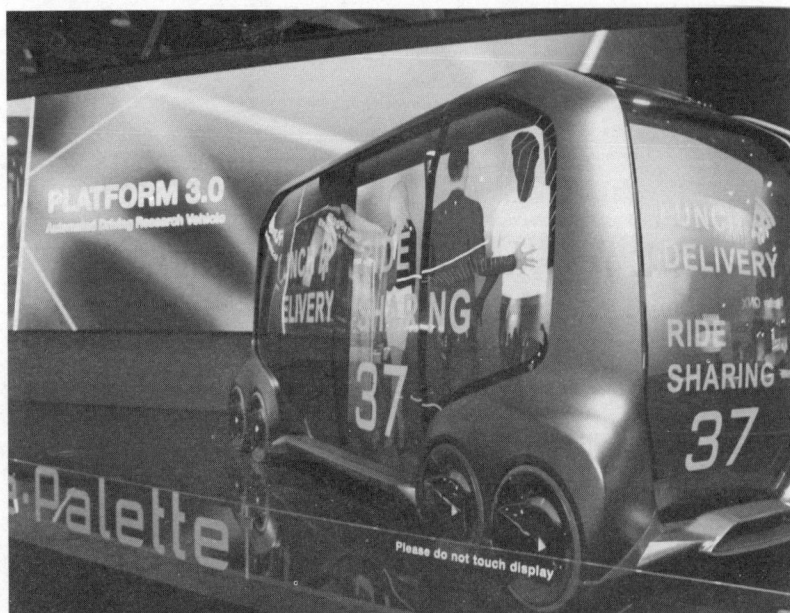

丰田的多功能全自动驾驶汽车"e- Palette"

2018年10月，在东京台场举办的汽车节会场上，丰田章男称赞坐在旁边的软银集团的孙正义董事长兼总经理，说："他眼力真好，能看到四五圈外。"

此时，他们刚刚公布了在共享汽车等MaaS领域的合作。丰田章男强调："我们在现实世界里具有优势，将彼此擅长的领域结合起来，向未来发起挑战。"目标是在全球推广e- Palette。

丰田之所以突然接近软银，是因为看中了孙正义接连向共享汽车、人工智能、半导体等下一代领域出手的投资战略。而且，在 2030 年，欧美及中国的 MaaS 市场规模将会达到 15 万亿美元（约 1600 万亿日元），这一领域的竞争激烈程度可想而知。

未来在这里

2018 年 1 月，e-Palette 在美国拉斯维加斯的国际消费类电子产品展览会上公开亮相，一辆外观和 EV 相似的车，以大约 20 公里的时速行驶在距离展览会主会场车程 20 分钟的城区。车内没有方向盘和刹车，可供 4 人相对而坐。这是一款全自动驾驶汽车，体现了车身上印刷的广告词——"未来在这里"。

创立于 2014 年的法国 Navya 开发了这款汽车，环绕着有十字路口的普通道路行驶。它不仅能够避开停止行驶的车辆，还能顺利停在横穿马路的行人前面。

软银旗下的 SB Drive 于 2017 年夏天将目光投向 Navya，在东京都内公园开始上路测试。在全世界大约 20 个国家，累计 30 多万人试乘过 Navya 的自动驾驶汽车，积累了大量数据。Navya 的一位董事说他们采取的是集中火力突破的模式，

"将力量集中在一种商业模式上，技术人员将车辆和软件作为一个整体进行开发"。在丰田看来，下手有点早。

法国 Navya 的全自动驾驶汽车行驶在普通道路上（2018 年 1 月，于美国内华达州）

谷歌系统的 Waymo 于 2018 年 12 月开始使用无人自动驾驶汽车，提供商用出租车的派车服务。

丰田章男感觉公司内外"竞争规则和对手都在以前所未有的速度发生改变"，出于这种危机感，他不断扩大合作。他不顾公司内部的反对意见，将 e- Palette 公之于世。他打算借助软银等公司外部的力量推动变革。

放眼 MaaS、自动驾驶、电动化等新领域，就会发现很多事例，不是已经取得巨大成功、拥有事业基础的巨头企业丰田，而是引入其他行业人才的新公司在推进。开发 e-Palette 的也不是丰田本身，而是作为与美国微软合作窗口的子公司 TOYOTA Connected 以及 2015 年在美国硅谷新成立的研究人工智能的子公司。

与金牌获得者邂逅

谈及自动驾驶汽车，丰田章男十分肯定地说："丰田的使命不是生产第一辆，而是做到安全、普及、值得信赖。"同时，也要保持丰田的特色。他认为需要脚踏实地地解决安全性能等问题，而不是在草创期领跑。

丰田章男本来对自动驾驶汽车的必要性持怀疑态度，他说："如果在 24 小时耐力赛中，自动驾驶汽车能够挺住，我就认可它。"但与长野残奥会的金牌获得者马塞松美季女士的邂逅，彻底改变了他的想法。

2015 年 11 月，丰田与国际残奥会委员会签订顶级赞助商合同，召开了新闻发布会。当时马塞松美季女士也在场。她在读大学一年级的时候，去参加柔道的晨练活动，途中遭遇了交通事故，原因是自卸车司机开车的时候打瞌睡。回忆往事，她说："事故改变了我的人生，可以的话，我不想再碰汽车，可是上学等出行又不得不依靠它。"

发布会后的畅谈会上，马塞松女士对丰田章男说："汽车夺走了我的自由，可是它也会创造我的未来。"丰田章男因此改变了想法，"除了坚持以前定下的目标——交通事故零伤亡，打造人人都能自由出行的社会，也是我们的使命"。

继续坚持过硬的质量与低成本，同时紧跟时代潮流，当变则变。过去取得的成功越大，就越需要更大的力量去突破固有观念这块"巨石"，面对外部环境的态度就变得越重要。

⌂专访

工具完全在于如何使用

重要的是防止人类失误的技术

长野残奥会金牌获得者　马塞松美季女士

——在汽车产业领域，自动驾驶等技术革新日新月异。

我亲历过事故，知道汽车的可怕之处。不过，举个例子来说，菜刀本身并不危险，工具的好坏完全取决于人的用法，重要的是开发防止人类失误的技术。我认为人工智能等新技术不会像人类那样打瞌睡或者注意力不集中，能够在安全方面发挥作用。对于出行困难的残疾人和老年人来说，借助安全第一的自动驾驶，出行方式增多了，生活会变得更加丰富。

——您对丰田有什么期望?

例如丰田在 2017 年 10 月发售的新型出租车就是一个很好的创意，可以坐着轮椅乘车。不过，切换到轮椅模式需要花费一定的时间，很多时候司机不愿意在大街上花时间切换。

如果有坐着轮椅便能轻易乘车的构造，对于那些携带大件行李的乘客来说就很方便。不只是询问意见，如果各种各样的人都能参与决策，就会诞生让众多乘客感到舒适的产品和服务，包括携带大件行李的游客。

越是那些参与立法的人和大企业，给社会造成的影响越大。人们往往关注残疾人做不到的事情，我觉得重要的是，我们的社会应当让各种个性的人大显身手。大企业拥有的力量可以朝着良好的方向改变人们的意识。

第八节 "名副其实的实力"开始凸显

"新车型不容失败。"

2020年2月发售丰田汽车中负责小型车的分公司开发的新型车——雅力士。

意在消除"不会垮掉的天真想法"

1999年发售的第一代车，由于车内空间堪比卡罗拉，再加上最低83万日元的价格颇为亲民，卖得很火。现有车型每年在全球销售约32万辆，然而由于性能和安全功能的提升，廉价车型的价格上浮了四成，再加上竞争车型的增多，很难继续增长。

通过使用新的设计开发手法"TNGA"，新一代雅力士大幅度更新了车架和引擎。它们也可以用于同样尺寸的

"AQUA"等其他车型。在销售雅力士的 80 多个国家和地区，减少了适应当地法规的试制车，试图大幅降低成本。

丰田章男也在汽车拉力赛上乘坐了运动款"威姿"（2017 年 11 月，于爱知县新城市）

"必须消除丰田不会垮掉的天真想法，打造名副其实的实力。"丰田总经理要求管理层认识到全球年销售 1000 万辆背后隐藏的危机。

2016 年 4 月丰田开始导入分公司制，事业核算完全透明，责任明确，9 个车辆及开发部门各项事业部的收益完全可视化。问题最大的是小型车，如何分配共有部门的经费，将会影响数值的变化，有关人士认为"小型车部门的赤字达数百亿日元"。

丰田让九大分公司互相竞争，激发其成长潜力

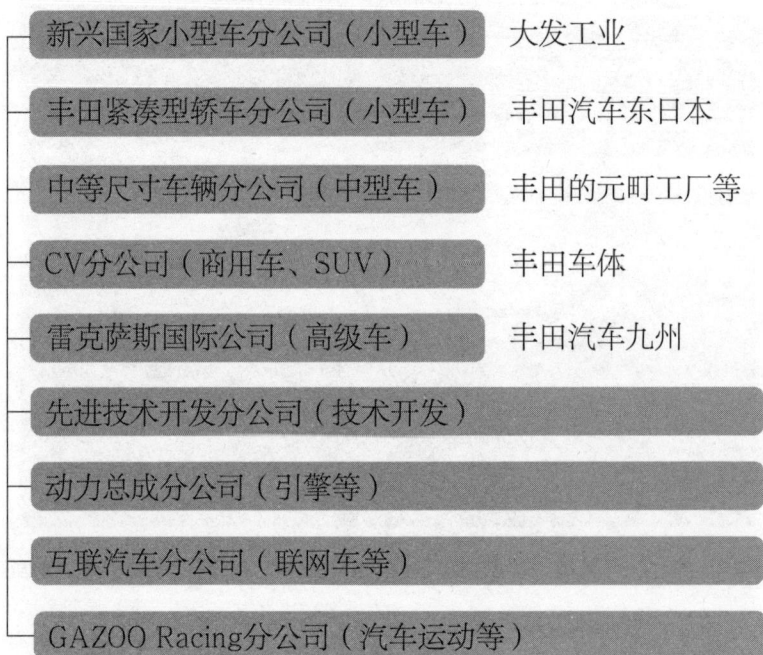

新兴国家小型车分公司（小型车）	大发工业
丰田紧凑型轿车分公司（小型车）	丰田汽车东日本
中等尺寸车辆分公司（中型车）	丰田的元町工厂等
CV分公司（商用车、SUV）	丰田车体
雷克萨斯国际公司（高级车）	丰田汽车九州
先进技术开发分公司（技术开发）	
动力总成分公司（引擎等）	
互联汽车分公司（联网车等）	
GAZOO Racing分公司（汽车运动等）	

注：括号内为各分公司主要负责的领域。

在 2017 年 3 月召开的丰田劳资协商会议上，负责小型车部门的专务董事宫内一公认"输"了，他说："生产效率和竞争力存在难以弥补的差距，令人震惊。"他将自己部门与去年成为全资子公司的大发工业相比，确实感到了差距。

大发工业主导新兴国家小型车分公司

大发工业每年在全球销售约 100 万辆汽车，仅占整个丰田集团的一成。虽然它是主营利润空间较小的轻型汽车，但营业利润接近 1000 亿日元。一方面也是因为它进军的国外市场较少，无须承担自动驾驶、电动化等全方位的开发费用。

丰田将 2017 年 1 月新设置的新兴国家小型车分公司交由大发工业主导，全权负责这一成长领域。"这样下去的话，工作还会被抢走。"在这种刺激之下，丰田本身的危机感也在增加。

"早晚得换皇冠"，正如这句标语所表达的意思，丰田的小型车本来的定位就是入门车，用来督促用户更换为中型车，甚至高级车。公司内部有种思路是："即使小型车亏损，只要整体盈利就行。"

制度虽然不是特效药，为了将来的投资，需要提高各项事业的盈利能力。重要的是，通过分公司制激发各自潜力的同时，也能增强员工间的凝聚力，使其成为整体的推动力。

专访

"摊子"铺得太大
内部意识的改革是关键

佃出行综合研究所董事长　佃义夫

——根据您多年来调查汽车产业的经验，您如何看待丰田汽车的组织改革？

对丰田来说，算上资本合作、业务合作的话，大发工业、日野汽车、斯巴鲁、五十铃汽车、马自达都加进来了，"摊子"铺得太大，这种呼声越来越高。今后，铃木也会加入进来。我认为分公司制的目的在于，首先从丰田内部缩小组织规模，从而强化体制。

从内部进行意识改革，重新建立了上下贯通的体制，可能对员工也有一定的激励作用吧。我问了一下现场的丰田员工，得到的都是积极向上的回答，比如"行动更加灵活了"、"一套流程正逐步形成，可以集中力量做一件事"。至于是否出现了单项成果，这个评价还为时尚早。估计需要花一定的时间。

——听说其他国家正加速切换到 EV。

毫无疑问，现在正处于巨大的变革时期。在法兰克福以及东京的汽车展上，各大公司不约而同地推出了电动化汽车。将汽车纳入信息网络，或者积极利用人工智能，未来的发展方向是一致的。虽然有人认为丰田在 EV 领域慢了一步，不过因为丰田可以拿出巨额投资，所以它要全方位推进新一代汽车。为了做到批量生产、批量销售，丰田正从多个方面打造"日本联盟"，这也是不可忽视的动向。不过，以汽油引擎为主的内燃机也不会马上消失。EV 面临充电时间太长、充电设施不足、法律制度不完善等问题，今后还需要一步步来。

第二章

开启自动
驾驶时代

丰田的终极目标不是汽车这一产品，而是对人类的贡献。

——丰田研究所首席执行官　吉尔·普拉特

第一节　"水和油"组合的时代

2018 年 10 月，丰田与软银公布了在自动驾驶等出行服务领域的合作。两家公司的业务和企业文化都不一样，然而从谈判到合作仅用了大约半年时间，这个速度在汽车行业也算异乎寻常的了。

与软银共同提供新一代出行服务

"我们搜集整个东南亚的数据，普及出行和金融领域的新服务吧。"2018 年 7 月，在爱知县丰田市丰田总部办公大楼的总经理室里，丰田章男与 Grab 的首席执行官 Anthony Tan 畅谈了大约 40 分钟。

丰田在东南亚的新车市场持有三成份额，Grab 应用程序拥有 1 亿用户。虽然两位领导意气相投，可是成败的关键掌握在另一个人手里，他并不在场。

丰田总经理丰田章男（右）与软银的董事长兼总经理孙正义在新闻发布会上握手，公布新公司的成立（2018 年 10 月，于东京都千代田区）

2018 年 6 月，丰田公布向 Grab 出资 10 亿美元。这为丰田与软银的合作埋下了伏笔。

"原来软银在这里的影响也很大啊。"2018 年 1 月开始，丰田的友山副总经理在与 Grab 的首席执行官 Tan 讨论出资方案时，深感软银董事长兼总经理孙正义有远见。孙董事长与 Tan 有深交，2014 年就曾向创业不久的 Grab 出资 2.5 亿美元，2017 年又和中国企业共同出资 20 亿美元。丰田章男看了友山副总经理的报告，也加深了对孙正义的印象，他说："每次要向自动驾驶的需求方出手时，孙董事长必定已走在我们面前。"

美国、中国和印度的 4 家网约车龙头公司的乘车次数约占全球的九成。软银是这 4 家公司的最大股东，孙董事长说："和他们几乎每个月都会碰头，共商战略。"

2018 年 4 月，丰田和软银派出 5 名三四十岁的员工，开始认真探讨合作事宜。大概每个月碰一次头，据相关人士透露，"一开始完全是一张白纸，互相猜测对方的心思"。

出行服务的关键技术是通信，在这一领域，软银与 KDDI 是竞争对手，而丰田与后者关系颇深。软银与本田在自动驾驶领域有合作。丰田依靠的是以汽车数据为基础的出行服务，软银凭借的是让一切物体实现互联的物联网，双方都想争霸。年轻员工们提出的方案是共同出资设立公司，提供网约车等出行服务，开展"MaaS"的新一代事业。

2018 年 8 月，丰田章男与孙正义董事长在位于东京汐留大厦的软银总部会晤。自从丰田章男担任科长时拒绝了孙董事长关于网上 4S 店系统的提案，两人 20 年未曾谋面。丰田章男试探着说："希望在出行服务领域与您联手结盟。"孙董事长笑着迎上来说："这个时代终于到来了。"

其实早在 8 年前，孙正义就曾在丰田公司说过类似愿意合作的话。当时人们还不太关注自动驾驶和人工智能，孙正义在非正式团体"丰田管理研究会"上说道："今后电脑会拥有超强智慧，会被搭载到汽车上。活在这个世上不可能全靠自给自足。正确的做法是结成各种联盟，会有很多公司想和丰田结盟。"

丰田在日本制造业称雄，而软银在人工智能等领域展开了大规模的投资活动。由于两家公司的风格和事业均不相同，有人认为它们的合作是"水和油"不相融，然而两位领导提出了不同意见。丰田章男说："沙拉酱汁是由水和油组成的。水与水组合也只能成为水。"孙正义说："正因为擅长的领域不同才好玩。"

以自动驾驶为核心，关于出行服务的开发与合作在全球取得了飞速进展，中国的百度在人工智能领域很强，正在世界联盟探索自动驾驶的标准化。然而，日本的动作有些迟钝。

2018年7月，孙正义极力抗议不允许拼车的日本政府。"我们现在所处的危机状况是自己阻止未来的进化，真不敢相信有这么愚蠢的国家。"丰田章男也表示："现在不打开思路的话，日本将会落后三四圈。"

2018年10月4日，丰田与软银的新闻发布会开始时间定在了下午1点半。特意设定在欧美的汽车巨头以及自动驾驶相关人士不在睡觉的时间。"日本也要加入未来的竞赛中，希望这个决心能传达给他们。"经过不懈的努力，丰田章男与孙正义最终达成了一致。

第二节　加快自动驾驶的合作

开发自动驾驶的竞争愈演愈烈。随着谷歌系统的 Waymo 等高科技企业的加入，丰田也开始积极开展与其他公司的合作。为了实现自动驾驶的实用化，竞争的关键因素在于技术的开放性以及如何将已有的价值链转化为优势。

开始提供出行服务

在东京丸之内，一辆多功能汽车"埃尔法"载着 4 名公司员工行驶在早晨的商圈。它是一种名叫"接送班车"的出行工具，通过智能手机的应用程序设定自己家和工作单位的地址，再设定时间，班车就会前来迎接。

这是丰田与软银的合资公司 MONET Technologies 株式会社与三菱地所株式会社自 2019 年 2 月开始的实证试验。车内已经联网，不仅可以使用电脑，还能花一两百日元吃到贝果、面包等早餐。

MONET 还与横滨、名古屋市等 17 个自治体签订了合作协议，向企业以及城乡地区提供这种"按需交通"系统。下一步的目标是利用自动驾驶汽车开展网约车服务。MONET 的事业推进部负责部长铃木彩子说："我们立足于自动驾驶社会，要不断添加人和车的数据，充实我们的平台。"

谷歌系统的 Waymo 自 2018 年底开始在美国亚利桑那州的部分地区提供自动驾驶汽车的网约车服务，利用自动驾驶的出行服务已逐渐进入"装配"阶段。丰田也计划在 2025 年之前完成自动驾驶汽车"e- Palette"的实用化，可以用于网约车服务等多种用途，使其在 MONET 提供的系统下行驶。

e- Palette 设定的自动驾驶级别为"L4"，人类无须干预驾驶，它的特点是"开放性"，也就是说未必坚持使用本公司的自动驾驶软件。相反，它搭载的功能是监视其他公司开发的软件，当发生故障时进行轨道修正，这就是叫作"守护神"的安全支撑技术。

"希望不只是丰田车，所有汽车都能做到这样。"

2019 年 1 月 7 日，在美国拉斯维加斯举办的国际消费类电子产品展览会开幕前夕，丰田召开了新闻发布会。丰田研究所的首席执行官吉尔·普拉特表示要把开发的重心放在"守护神"上，并阐述了向其他企业提供技术的方针。

吉尔·普拉特对于全自动驾驶表达了慎重的意见，他说："自动驾驶最重要的优点不是让汽车自动化。"很多企业在会上宣传 L4 级技术，他却实施了一场"另类"的宣讲，提倡由人类掌握主导权的 L2 ～ L3 级技术的重要性。

自 20 世纪 90 年代，丰田就开始研发自动驾驶，一直以来坚持追求"交通事故零伤亡"的目标。在城区等复杂环境下，以现有的技术很难开发出超越人类判断力的系统，一旦发生事故，也会影响消费者对厂家的信任感。

因此，他认为更为现实的解决方案是提供系统支持，拓展人类能力。将人类与自动驾驶软件对调一下，这个说法也成立。在 e- Palette 投入使用之前，这些举措也是非常必要的。

扩大与优步的合作

"一起干吧！"2018 年 8 月，丰田的友山副总经理与优步的首席执行官达拉·科斯罗萨西在美国旧金山会晤，目的是讨论出资以及扩大在自动驾驶领域的合作。

丰田与优步在 2021 年把多功能汽车"塞纳"引入共享汽车服务，该车凝集了两家公司的自动驾驶技术。初期计划在美国投放数百辆，接下来逐步扩大到数万辆的规模。这款自动驾驶汽车的核心技术就是"守护神"。

除了优步的自动驾驶软件，正在开发的车辆还搭载了"守护神"，对安全性能进行"双重检验"。2018年3月，优步的自动驾驶汽车引发了死亡事故，停止了实验。也是出于这方面的原因，它们加快了合作的步伐。

很多出行服务企业像优步一样自主开发自动驾驶软件。另一方面，也暗藏着风险，万一搭载了自家公司软件的自动驾驶汽车引发事故，就会酿成关乎企业存亡的大问题。因此，据某高层推测，其他公司研制的自动驾驶软件与"守护神""能够共存"。

丰田计划以优步为开端，向其他共享汽车公司提供搭载"守护神"的塞纳，逐步增加搭载"守护神"的车辆，包括e-Palette。在这块新数据的"油田"里，技术的普及将会是一个重要手段，在获取数据的竞争中更加有利。

在自动驾驶汽车的行驶试验方面，多个企业走在了丰田前面

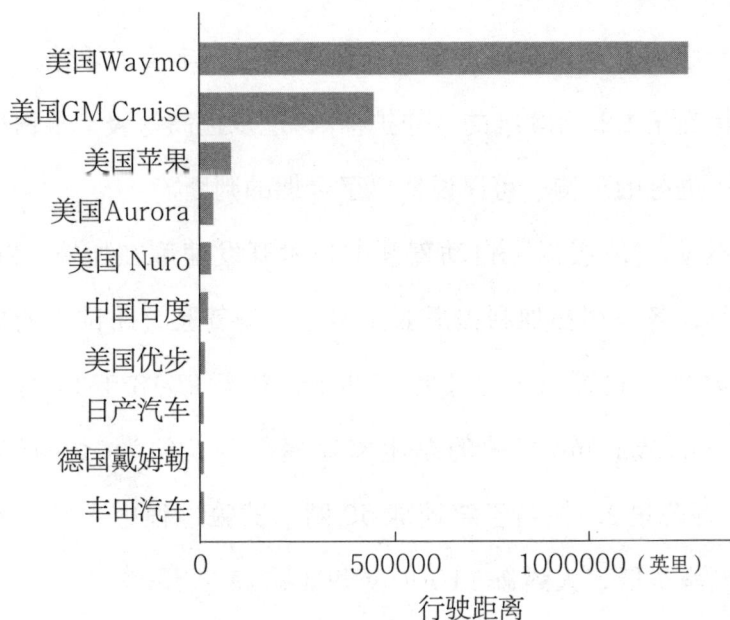

行驶距离

注：根据各公司向美国加利福尼亚州提交的自动驾驶汽车公路行驶试验的实际数据制作（2017 年 12 月至 2018 年 11 月）。

在行驶试验方面落于下风

用于出行服务的车辆中，L4 级自动驾驶汽车已进入装配阶段，然而从整个汽车市场来看，短时间内数量有限。据美国波士顿咨询公司预测，2030 年 L4 级以上的自动驾驶汽车占全球新车销售的比例仅能达到大约一成。包括 L2—L3 级自动驾驶汽车，由人驾驶的汽车仍然占大多数，这种状况还会持续很长一段时间。

考虑到安全性与已有事业的协同作用，丰田的思路是优先开发相当于L2—L3级的"守护神"，逐步提高等级。根据现在对市场进行的预测，可以说做出了合理的判断。

不过，L4级以上自动驾驶的技术开发速度在加快。2019年2月，各公司在加利福尼亚州实施自动驾驶公路试验的最新车辆数及行驶距离公之于世。其中，截至2018年11月，谷歌系统的Waymo行驶的总距离遥遥领先，约为125万英里（202万公里），相当于绕地球50圈。试验过程中人类干预驾驶的频率很低，大约每11000英里1次。

同时期丰田的人工智能研发子公司TRI的总距离为381英里，干预频率为每2.5英里1次。整个丰田公司在日本以及美国的密歇根州等其他地区也进行了很多试验，这个数据未必能反映实际情况。不过，据某高层说，很多人认为"Waymo在L4级技术开发方面处于领先地位"。

在L4级领域，Waymo将来会下定决心向外部出售软件。如果它像智能手机的安卓系统那样普及的话，丰田有可能在L4级软件的标准化方面落于下风。如果软件的安全性得到改进，也可能会影响到丰田试图普及"守护神"的战略。自动驾驶的等级高低不同，应该从哪些方面进攻呢？技术开发方面的竞争仍会持续下去。

((• 专访

对于全自动驾驶的实用化应当慎重

丰田研究所首席执行官　吉尔·普拉特

——听说您在 2015 年之前，一直在美国国防部国防高级研究项目署研究机器人，后来进了丰田。

虽然谷歌也曾抛出橄榄枝，考虑到给全球带来的冲击力，我选择了丰田。我希望能将飞速进化的人工智能应用于汽车和机器人等众多产品，改善人们的生活质量。在丰田面试时讨论的话题是日本的老龄化社会。丰田的终极目标不是汽车这一产品，而是对人类的贡献，我非常赞同这一理念。

——丰田并未表明实现全自动驾驶的时期。

人类协助驾驶的模式与全自动驾驶模式，两项研究齐头并进。重要的是，我们应当认识到，支撑安全驾驶的技术会很快实用化，即便人工智能也无法实现完美的全自动驾驶汽车。美国交通事故的死亡率为每行驶 1 亿英里（约 1.6 亿千米）死亡

1人。全自动驾驶技术会降低这一比率，比人类驾驶稍微安全一些，仅是这样的程度还不够。机械与人类不同，社会不允许它犯错。

丰田每年销售1000万辆汽车，10年就会达到1亿辆。如果每辆车的年平均行驶距离为1万千米，就会获得1万亿千米的实际行驶数据，丰田拥有这样的潜力。全球各种条件下的庞大数据是技术进步的关键因素。目标是将全球每年因交通事故死亡的人数从125万人降为零。

——其他公司都在加速实用化，丰田会不会落后了？

无论在什么样的环境之下，人工智能驾驶的L5级的实用化都不应该比速度。我们会尽可能早一点让技术进化，为新一代事业做好万全准备。L4级车在有限的道路环境下会将驾驶权限完全交给人工智能，这种技术几年内就能实现。与人类驾驶相比，适用L5级的车辆如果不能大幅度降低事故发生率，就很难投放到市场中。

——您认为丰田技术的强项和课题分别是什么？

造车如登山。丰田通过彻底改善技术，朝着顶峰不断攀登，在安全、性能、价格、耐用性等方面获得了消费者的信赖。对于自动驾驶和机器人来说，信息安全也很重要。选择丰田的话就不会有信息泄露，这种信任就是价值。

经历了成功的大企业往往忽视在新领域的探索与成长，无法灵活改变方向。要想迎来时代的断层，就必须不怕失败，向不确定的未来发起挑战。丰田给予丰田研究所充分的权限与信任，让它挑战未来的技术，敏捷地攀登新竞争的高峰。

第三节　将现实优势作为"防洪堤"

2019年2月21日，全球供应商大会在日本名古屋市召开，汇集了零部件厂商的高层近900人。丰田章男对他们说："在现实世界中一路打拼过来，是时候向他们展示我们的实力了。"

将销售网点转化为附加价值

随着电动化的普及，汽车的使用方式及功能会发生很大变化，然而归根结底还是要在现实世界中行驶。批量生产不容易发生故障的汽车，为了安全使用而进行的维修保养，以及销售网络的重要性依然存在。因此才呼吁大家进一步突出这个优势。

实际上，在利用自动驾驶的出行服务领域，丰田考虑的不只是软件和数据，还有如何将制造方面的优势以及销售网点等价值链转化为附加价值。

丰田基于数据向 Grab 提供维修保养服务

在拼车等出行服务中，车辆使用的运转率为私家车的5—10倍。自动驾驶汽车不需要司机，可以24小时无间歇运转，这就要求汽车具备更强的耐用性，维修保养变得更为重要。友山副总经理说："100辆规模的实证试验，与批量生产几十万辆汽车并提供维修保养的做法是不同的。"

实时掌控

在自动驾驶时代即将来临之际，如何宣传这种"现实"优势呢？在新加坡与 Grab 开始实施的举措算是一个尝试。

"这是轮胎故障啊。"在新加坡的丰田销售网点 Borneo Motors，设有 Grab 专用服务中心。

Grab 的出行服务使用的约 1500 辆丰田汽车上都安装了行车记录仪，可以实时了解车辆状态以及司机的举动。Grab 与销售网点共享这些信息，一旦发生异常，立刻就能选择最近的网点进行修理。以前从报修到交车平均要花 70 分钟，通过这一举措可以缩短到 30 分钟。

如何维持车辆的运转率，对于出行服务公司来说就是收益的生命线。丰田与 Grab 打算以新加坡为试点，将这一举措扩大到整个东南亚。2020 年之前 Grab 使用的丰田汽车的市场份额提高到 25%。

丰田集团的供应商也开始行动了，电装和爱信精机等 4 家公司共同出资成立的新公司 J-QuAD DYNAMICS 自 2019 年 4 月启动运营。该公司汇集了约 170 人，计划推进自动驾驶控制技术的开发。电装的有马总经理说："综合性强的技术，将其融入汽车并在现实世界实现，这两点对于供应商来说也是生存下去的关键因素。"

2019 年 1 月的国际消费类电子产品展览会开幕之前，德国博世的高层在发布会上公开了自动驾驶的概念车，并预测："2025 年，根据需求运送乘客的'按需接送车'在全球行驶的数量将达 250 万辆，其中多数是全自动驾驶。"

自动驾驶领域最近的合作

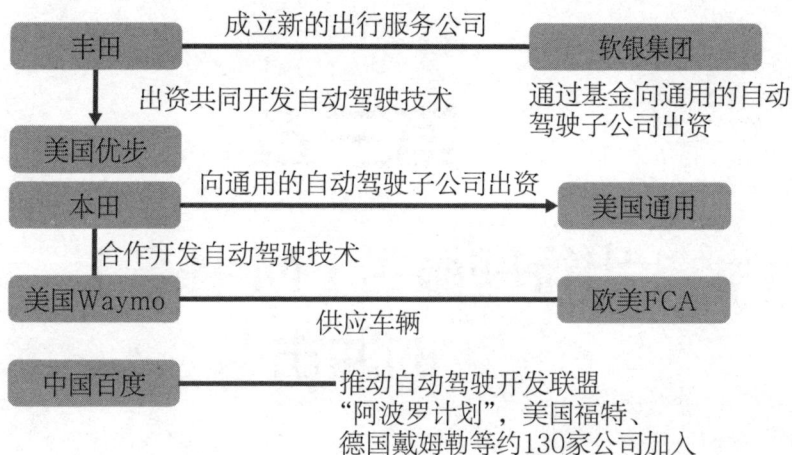

2019 年的国际消费类电子产品展览会上，德国大陆集团以及德国采埃孚集团等各家公司的展区展示的箱形自动驾驶概念车十分醒目。它们的设计都与丰田在 2018 年的国际消费类电子产品展览会上首次公开的 e- Palette 非常相似。如果汽车的附加价值转移到软件上，就会像智能手机那样，硬件的品牌价值减少，有可能沦为同质化产品。能否将现实优势作为"防洪堤"将会左右丰田的未来。

第三章

出行即服务（MaaS）的冲击

用户可以根据情况选择最快的出行方式或者最省钱的出行方式，我们的目标是打造不堵车的世界。

—— "Reach Now" 首席执行官　丹妮拉·盖得

第一节　转型为出行公司

我们的世界迎来了百年一遇的大变革。一切皆服务（X as a Service，简称 XaaS）成为主流，通过网络可以将所有物品当作服务提供，消费者关注的重点从拥有转为使用。出行工具（MaaS）的服务化也是其中之一。丰田汽车也加入到了这一急剧扩大的市场中。为何丰田将 MaaS 定为主战场之一？

发布 MaaS 应用程序

一名 30 多岁的男性公司职员笑着说："出差时试用了一下，很方便。"他说的是一款名叫"my route"的智能手机应用程序，已在福冈市悄悄引起热议。如果你指定出发地和目的地，程序就会将铁路、出租车、租赁自行车等多种出行工具搭配在一起，显示路线与到达时间，你也可以在上面预约、支付费用。这款应用程序下载次数已经超过 15000 次。

my route 是丰田与西日本铁道自 2018 年 11 月起联手进行实证试验的应用程序。福冈市内大约 10 家提供城市信息的公司、团体都参与了合作。

像 my route 这样，将多种交通工具的预约、结算整合在一起的服务便是 MaaS 的源流。芬兰的初创企业 MaaS Global 于 2016 年在全球率先开始提供 MaaS 服务，"MaaS"一词随之传遍世界。

MaaS 市场规模将扩大到 150 万亿日元

在 2018 年举办的国际消费类电子产品展览会的新闻发布会上，丰田章男宣布："要从'制造汽车的公司'转型为提供一切出行相关服务的'出行公司'。"

根据普华永道咨询公司的预测，截至 2030 年，MaaS 的市场规模在欧美和中国将会扩大到 150 万亿日元。汽车产业与信息技术产业不断融合，与谷歌、苹果等其他企业的竞争也在日益加剧。汽车行业的经营模式发生了巨大变化，谁也无法保证将来汽车厂商能继续担任主角。这种危机感推动了丰田的发展。

2019 年 3 月，在东京六本木举办的一个活动，聚集了大约 600 名企业人士，那就是丰田与软银的合资公司 MONET Technologies 举办的"MONET 峰会"。

MONET 的总经理官川润一强调说，"我们要把公司打造成 MaaS 的国际平台"，宣布了面向 MaaS 开发的企业联合体的成立。三菱地所、迅销公司等 88 家公司将配合打造新型服务平台。

MONET 于 2019 年 2 月开始提供运营"按需巴士"的平台，人们可以通过智能手机预约拼车。结合横滨市、爱知县丰田市等地特征的实证试验也相继开展起来。2019 年度开始提供"服务车"，可用作移动商店，计划 2023 年以后将其更换为自动驾驶。

打造企业联合体的目的是让平台与企业拥有的数据衔接起来，从日本诞生出更多可以在国际上竞争的 MaaS 企业。本田也要向 MONET 出资，想让它作为"枢纽"，共享汽车厂商拥有的行驶数据。丰田与本田原本是多年的竞争对手，这一次破例合作。丰田章男说："汽车行业的开放性合作迈出了第一步。"

丰田接连公布了 MaaS 部署，在部分地区开始了名为"TOYOTA SHARE"的共享汽车服务。另外，推出了一项名为"KINTO"的服务，每月支付一定费用就能定期换乘新车。

与一众"巨头"合作

丰田想在日本国内打造平台，成为核心，而在国际网约车领域，优步及 Grab 等巨头已经崛起。丰田希望加入国际平台，向世界各地的强势企业提供自己擅长的技术和服务。

丰田为建立 MaaS 平台而东奔西走，欧洲却走在了它的前面。汽车厂商通过子公司与铁路、自治体等开展合作，开始提供综合型服务。

2019 年 2 月 22 日，如果你在柏林打开德国戴姆勒的汽车共享应用程序"car 2 go（现在叫 SHARE NOW）"，就会看到常见的湖蓝色标记，显示可以利用的车辆，另外还有碧绿色标记充满了整个屏幕。试着点一下碧绿色标记，显示出来的是德国宝马的"1 系"。

就在同一天，由全球最大的豪车制造商戴姆勒与第二大制造商宝马组成的 MaaS 联盟启动了。它们整合了竞争业务，在共享汽车、网约车、预约停车场等 5 个领域建立了合资公司。

所有服务的用户加起来的话，全球共计 6000 万人。全球规模最大的随地租还型共享汽车"car 2 go"加上宝马的"DRIVE NOW"，在欧洲和北美的 31 个城市的用户超过了400 万人。

无论共享汽车还是拼车，想用的时候能用到的车辆越多，对于用户来说就越便利。宝马的哈罗尔德·科鲁格董事长强调了整合的意义，他说："要想在出行服务领域战胜其他竞争对手，就需要规模化。"

不只是自己公司提供的服务进行合作。斯图加特、卡尔斯鲁厄、杜塞尔多夫、戴姆勒与宝马的联盟还加入了这些城市的交通局各自开发的应用程序。比如，杜塞尔多夫的交通应用程序是综合型的，除了公交车、地铁等公共交通工具，还能够交叉检索共享汽车和共享自行车，甚至可以在程序内完成结算。

丹妮拉·盖得出任了组合交通的联合品牌——"Reach Now"的首席执行官，他说："用户可以根据情况选择最快的出行方式或者最省钱的出行方式。我们的目标是打造不堵车的世界。"

两家公司计划在今后几年向 MaaS 投资 10 亿欧元。戴姆勒的迪特·蔡澈董事长兴致勃勃地说："接下来的两三年就会确定在出行服务领域的地位，速度是决定性因素。"

第二节　相继加入日本国内市场

网约车与拼车服务领域群雄割据。美国有优步和 Lyft，中国有滴滴出行，东南亚有 Grab 和 GoJek，这些领跑者的影响力很强。

消费者的价值观由物转移到事，汽车厂商也进入了服务领域。欧洲有大众系统的 Moia、戴姆勒系统的 Moovel、德国铁路系统的 ioki 等纷纷登场。在日本，丰田与软银共同出资成立了 MONET Technologies，本田也参与投资，为了争夺霸权，各个公司都很活跃。

铁路公司在"综合型出行服务"领域展开了竞争。主要有德国铁路、瑞士联邦铁路等欧洲公司以及 JR 东日本、东京急行电铁、小田急电铁、西日本铁道等公司参与。

今后还会有新的参与者及品类出现在 MaaS 领域，一定会引来更复杂的状况。

MaaS 在发达国家芬兰

由向手机提供内容的企业组成的移动内容论坛于 2019 年 4 月，在东京都内举办了关于新一代出行服务的研讨会。在芬兰着手开发 MaaS 平台的 kiythi 的首席执行官佩克·莫特登台发言："我们能够解决城市及地方上面临的交通课题。"

MaaS 主要指的是可以使用信息技术将公交车、铁路、共享汽车等多种出行工具整合为一种出行服务。它在以芬兰为中心的欧洲得到了迅速发展。

谈及 MaaS 带来的效果，莫特解释说："在农村，用户可以灵活安排出行工具，企业可以用适当的成本提高服务质量。同时，在城市，它会成为上下班的工具。"不仅限于交通领域，他还强调了引发各种产业变革的可能性，他说："住宅企业和零售企业也可以加入 MaaS 领域。"

MaaS Global 的应用程序"Whim"位居榜首。可以检索搭配多种出行工具的最优路线，也能在程序内结算。当初遭到了出租车行业的反对，芬兰国家商务局的米考·考斯凯说："结果，出租车每个月的利用率增加了 4 倍。"

交通的优化与高效化也是日本面临的重要课题。城市里铁路十分拥挤，农村由于人口过少及老龄化难以维持公共交通服务，除此之外，来日本观光的外国人不断增多，MaaS 有可能在这些方面发挥重要的作用。

关于员工上下班及外出时选择多功能汽车拼车的现象，森大厦株式会社在东京市中心开展了一项出行服务的实证试验。该公司的盐出礼子女士说："如果所有人都能方便使用，就有可能会成为城市的基础设施。"

🛜专访

丢掉"卖出即止"的想法

野村综合研究所分析事业部部长　石绵昌平

——为什么 MaaS 开始受到大家的关注？

很大一部分原因是，与网络等数字技术结合以后，大家都能够分享了。可以说 MaaS 就是乘用车等出行工具领域引发的数字化现象。

在数字化发达的领域，一般说来，供需平衡不断优化，以前过剩的产品将会卖不出去。乘用车就是一个典型。很多商务人士即使拥有汽车，平时也几乎不开，所以每小时的运转率只有 2% 左右。如果大家可以共享，就能提高运转率。对于消费者来说，即使自己没有汽车也能使用它的功能。

——对于汽车公司来说，自己的产品会难以售出。

如果过多销售这种服务，汽车产品会很难卖出去。不过，转换一下对事业的理解方式，也是可以增长的。率先发展数字化的音乐行业值得参考。

CD 等音乐媒介的日本市场从巅峰时期的 6000 亿日元缩小

到了 2000 亿日元。不过，如果算上现场直播和订阅的音乐播放服务，市场反倒是扩大了。海外也是如此，麦当娜等著名歌手所属的美国 Live Nation 的销售额仅仅数年就从 6000 亿日元增长到了 1 万亿日元。以一首曲子为起点，以多种形式与顾客保持联系，从而增加收益，这是它成功的关键。

——您认为在 MaaS 领域，可以采取什么形式与顾客保持联系？

可以借鉴芬兰的初创企业 MaaS Global 的模式。该公司通过智能手机应用程序"Whim"向用户提供出行路线信息，它的方案是提供的信息不仅限于建议最短路线。

例如，当应用程序了解到用户有跟人见面的安排，就会建议他在约定时间之前先到离见面地点很近的星巴克等待。就像这样，通过不断提示与出行相关的各种功能，就能够与顾客保持联系。

——现有企业在进军 MaaS 领域时的课题是什么？

需要从根本上改革组织体制。制造业已经优化为物品的生产与销售，而在 MaaS 领域，并非售出就算结束了。为了让用户继续使用，需要不断调整、优化服务程序。由于消费习惯，顾客也有可能无法接受服务，因此沟通也很重要。

专访

成为新产业诞生的基础

MaaS Tech Japan 总经理　日高洋祐

——听说您主张不应当把 MaaS 理解为共享汽车或拼车。

单个共享服务也许也能相应地成长为比较大的市场规模。不过，我认为从本质上说，应该是指整合了多种出行工具的平台型服务。这在芬兰等国家已经实现了。

像日本现在这样，企业分别提供出行服务的状态下，用户需要自己选择最合适的出行方式。如果是平台型服务，就会提供综合方案，从而省去这些麻烦。通过多个移动服务的合作，也更容易解决堵车等社会问题。

——MaaS 普及之后，会对产业造成什么样的影响？

现在乘坐铁路或出租车，会根据出行距离产生费用，以后 MaaS 会像网络线路那样实行固定收费吧。DeNA 已经和日清食品开始了 0 元出租车的尝试。随着费用固定化，网络成了基础设施，诞生了各种各样的业务，同样，我估计以 MaaS 为基础开展业务的企业也会增多。

美国旧金山的一家房产公司，正在销售配套 MaaS 的公寓。具体说来，就是每个月向不使用公寓停车场的住户提供一张 IC 卡，包含 70 美元（约 7700 日元）的公共交通费和 30 美元（约 3300 日元）的优步拼车费。这样一来，虽然没有配备宽大的停车场，却成了受欢迎的楼盘。这种附带 MaaS 的公寓也可以在日本推广。用来减少老龄化造成的交通事故也很有效。

——要想在日本实现综合型 MaaS，存在的课题是什么？

重点是谁来提供综合型平台。在网络领域，经过一番激烈竞争，最终由美国谷歌和亚马逊等被称为 GAFA 的信息技术龙头企业掌控平台，拥有了巨大的力量。

在 MaaS 领域，提供平台的企业也会拥有很大权限。什么样的企业会获得这一地位，将在很大程度上决定服务的质量。假如提供平台的企业收取高额的手续费，出行服务企业的经营将会受到威胁。现在也有很多企业的收支状况非常不乐观，这样的企业越多，事故率就越高。正因为这个问题人命关天，今后可能会对提供平台的企业施加一定的限制措施。

第四章

电动化与零部件厂商

很难感到危机便是最大的危机，为了应对新的变化，必须有火烧眉毛的紧迫感。

——协丰会东海地区代表副会长　相羽繁生

第一节　电动化动摇了 3 万家公司组成的金字塔

围绕丰田汽车 2017 年 12 月公布的 2018 年 1 月 1 日执行的干部调整，零部件厂商之间议论纷纷。

"为了用先进技术发起进攻，会不会开始重组呢？"这是他们最大的担忧。

令人惊讶的丰田干部调整

令人吃惊的调整之一是伊势清贵专务董事的去向。他原本在丰田负责自动驾驶和电动化等最新技术，却被调到爱信精机接任总经理，该公司主要负责生产变速器等沾满油污的发动机车部件。

该调动备受关注，人们猜测"也许会成为供应 1 万件零部件的爱信更换客户的契机"。不少零部件公司对汽油发动机等内燃机的依存度很高，有必要改变。

爱信精机开始了工厂等方面的变革（爱知县西尾市的西尾压铸工厂）

摩根士丹利MUFG证券在2017年8月提交的行业报告中估算了各家公司的销售额中依靠内燃机的比率：爱信大约为50%、电装大约为33%、丰田合成大约为15%。简单合计一下，单是丰田系统的5家主要公司的销售额就超过了3万亿日元。

靠引擎行驶的汽车由大约3万件零部件组成，据经济产业省估算，引擎相关的零部件大约6900件，驱动与传动、控制大约需要2100件，如果这些全部不用的话，EV比汽油车的零部件少四成。

当然，并非所有的汽车都会更换为 EV，有的零部件可以继续用于 HEV。丰田的副总经理 Didier Leroy 强调："即使在 EV 领域，我们也有竞争力的源泉。"因为在普锐斯发售后的 20 年里，丰田行驶在全世界道路上的 HEV 累计超过 1000 万辆，在这方面积累的技术与经验可以应用在 EV 上。

由于电动化，各大零部件公司的销售额有可能大幅度下降

公司	依存度	说明
爱信精机	50	制造变速器等。强化电机等EV相关产品
电装	33	生产燃油喷射控制器、尾气净化系统等
NOK	30	制造用于引擎的油封，防止漏油
丰田合成	15	强项是邮箱相关零部件。正加快外饰零部件的轻量化
日本发条	10	主要生产用于汽车的螺旋弹簧、板簧、内饰的座椅
丰田纺织	5	生产进气系统等。开发用于自动驾驶汽车的座椅
丰田自动织机	5	生产汽车的汽油、柴油发动机

各公司、相关产品对汽油发动机等内燃机相关销售额的依存度（％）。
（资料出处：摩根士丹利 MUFG 证券调查报告）

电动化改变了汽车制造

由于电动化，各大零部件公司的销售额有可能大幅度下降。然而，火花塞以及尾气相关等专门用于燃油车的零部件公司的情况更为糟糕。这是由于中美两国正在推进尾气零排放的新一代环保车的销售，而他们的数量占据了全球市场的一半。

如果从使用石油驱动的内燃机转换为 EV，支撑丰田的零部件厂商组成的金字塔就可能发生动摇。2019 年帝国数据库的调查结果显示，丰田集团的一级客户与二级客户在日本国内约 3.9 万家，雇用了大约 180 万人。

丰田的一名高层说："我们没把他们当作承包方，我们发出的订单不会影响他们的经营。"实际上，自从丰田创业以来，几乎没有过一级或二级主要供应商破产的情况。虽然为了强化竞争力，也会严格要求它们降低成本，不过据某零部件厂商负责人说："当我们遇到困难时，丰田给我们的大力关照是其他公司比不了的。"

然而，为了克服单个企业无法解决的难题，丰田有时候会进行重组。2000 年以后，丰田就曾将爱信与电装等制动器业务重组为新公司，将座椅生产集中到丰田纺织。

需要做好电动化准备

摩根士丹利 MUFG 证券的垣内真司股票分析师的调查报告显示，各家汽车零部件公司对内燃机相关销售额的依存度越高，实现电动化时的负面影响就越大。他指出，以爱信精机为例，短时间内自动变速器的订单量有希望获得较大增长，而加强开发面向 EV 的驱动电机，则是中期目标的关键点。

不过，也有人认为，在股票市场，人们对环保车中的 EV 的期望值急剧升高，今后这种过度期待不会长久持续下去。丰田也在推进 FCV 的开发。FCV 要使用氢气，长期以来基础设施建设是一个大课题，丰田与日产汽车等 11 家公司联合宣布，在 2018 年春天成立新公司，计划用 4 年时间共建 80 处加氢站。

目前还不清楚将来 EV 和 FCV 等环保车在各个国家的普及程度。只是依靠石油这种有限资源的内燃机会逐渐消失，正因为这是无法避免的，对于各家零部件公司来说，需要做好"电动化"的准备。

第二节　变革浪潮逼近丰田系统零部件公司

2018 年 6 月，零部件厂商的高层与技术人员汇聚在位于爱知县丰田市的丰田技术主楼。那里展示着一辆被拆解的电动汽车，分别由电装、松下、住友理工等制造的零部件散落一地。丰田通商还设置了介绍外资厂商的专区，在场的主要厂商的高层表示："这是第一次拆解 EV 的展示会。我们必须动真格了。"

EV 和自动驾驶汽车的成本很高，需要一定的时间才能获得收益。丰田的一名领导说："希望各家公司不要沉迷于过去的成功，要向新一代汽车的零部件发起挑战。不然的话，5—10 年以后绝对会落后。"出于这种危机感，才有了这次展示。

2019 年 3 月，电装与爱信精机、捷太格特、爱德克斯共同成立一家名为 J-QuAD DYNAMICS 的公司，开发软件，用于控制传感器、方向盘、制动器等自动驾驶汽车上的重要零部件。电装的有马总经理说："4 家公司自觉集结全部力量，迈出了新的一步。"

与以往的零部件厂商重组不同，丰田没有出资。不再像以前那样由丰田主导，而是由丰田系统的零部件厂商自己在新的领域合纵连横，掌控前进方向，算是打响了第一枪。

如何渗透危机感成为难题

协丰会由近 230 家零部件供应商组成，变革的浪潮汹涌而至。丰田的强项在于高精度汽车零部件的稳定供应网，然而随着汽车产业市场的变化，正因为组织结构坚固，危机感的渗透反倒成了难题。

2018 年 8 月，丰田总经理驾着小型跑车行驶在爱知县蒲郡市的某个场地上。这不是比赛，坐在副驾驶席上的是零部件厂商的领导。

协丰会干部会议上汇集了大约 40 名来自矢崎总业、SOMIC 石川、电装、松下等成员公司的高层。会议通常都是在会议室召开，这次却先在车上畅谈了一番。之后，丰田总经理再次强调："丰田会和任意一家零部件厂商打交道，也请各位跟任意一家汽车厂商打交道。"他提倡："不是因为可以批量，而是想要变革，为了彼此的将来。"

出席会议的一名协丰会高层庄重地说："面对这个形势严峻的时代，我们如果不挑战新的领域，就不会成长。"因为根据他的理解，虽然以前丰田也鼓励大家在系统之外的"门派竞技"中磨炼技术水平和成本竞争力，但这次会议所传递的信息是，以后就无法安于在系统内部进行了。

1943年还处于战争时期，当时物料短缺、工厂被疏散、由于征兵造成熟练工人短缺，为了解决这一系列问题，促进技术交流，丰田与零部件厂商团结起来成立了协丰会。一开始大约有20家，现在加上外资的话有大约230家公司。丰田汽车75%左右的零部件都是从外部采购，协丰会一直致力于解决安全性能、环境限制、贸易壁垒等问题。

其他行业长驱直入

迄今为止，日本的汽车产业凭借垂直整合模式获得了成功。位于顶点的汽车厂商企划产品，以系统企业为中心的一级、二级、三级零部件厂商在成本和质量方面互相竞争。

然而，从全球范围看，汽车产业的经营模式迎来了转变期，谷歌和亚马逊等其他企业也凭借自动驾驶以及语音操控的人工智能长驱直入。人工智能、半导体、电池、传感器是新一代汽车发展的关键，在这些领域，靠以前系统内的供应网无法维持较强的竞争力。

三菱 UFJ 研究咨询公司的首席顾问松岛宪之指出："在欧洲，大型供应商申请的专利超过了汽车厂商，它们试图以每年超过 2000 万辆的业务获取'反支配权'。"以汽车厂商为顶点的结构本身开始动摇了。

丰田集团的汽车产品在全球销售连续 6 年超过 1000 万辆，爱知县某家独立的零部件厂商的总经理说："眼前的工作不用愁，员工很难感到危机，这才是最大的危机。"丰田总经理表达了他的危机感，他说："80 年前丰田的主体是自动织机和纺织，如果没有转型为汽车，就没有今天的成就。"

专访

不畏变化，勇往直前

协丰会东海地区代表副会长　相羽繁生

——随着汽车产业的竞争轴心发生变化，您认为协丰会的作用是什么？

大约 80 年前，丰田一马当先，联合供应商的多名创业者披荆斩棘，为日本车的发展开辟了道路。为了让丰田汽车获得更多消费者的支持，提高包括新技术的零部件的竞争力，是它一如既往地发挥作用。协丰会更重要的是挑战精神。通过协丰会共享百年一遇的变革期的危机感，不要畏惧变化，要勇往直前。张着嘴等是没用的，未来必须靠自己开拓。

——您认为电动化的影响是什么？

很多零部件供应商对于完全电动化造成的内燃机减少感到不安。不过，我认为如果电池技术没有突破性进步，EV 和 FCV 就不会马上在全球普及。HEV 上已有零部件依然重要。即便如此，EV 和 FCV 的开发确实在逐步推进，早做部署很重要。东乡工厂原本主要生产弹簧，2018 年 4 月，EV 装置开发部从技术部独立出来了。企业如果不改变，就无法生存下去。

——以前也经历过环境限制、金融危机、地震灾害等各种考验，您认为现在的危机是什么？

各家零部件厂商的生产量增加了，都很忙，这是值得庆幸的事。现在的状况下，很难切实感到整个组织今后的需求会减少，很难感到危机便是最大的危机。为了应对新的变化，必须要有火烧眉毛的紧迫感。

第五章

通向美国公民的道路

即使经历了"雷曼事件"后的赤字、质量问题，也没有裁员，员工们至今感谢丰田。

——丰田某高层

第一节　从美国走向世界

自从丰田首次从名古屋港口向美国市场出口皇冠车，已经过去 60 年了。在销量高速增长的同时，丰田也总是站在贸易摩擦的风口浪尖上。美国前总统特朗普的"口头攻击"引发市场震荡，各国企业都在静观其变。丰田想要扎根美国，获得"公民权"，仍要艰苦奋斗。

从美国得克萨斯发送信息

"我们的目标是未来的出行社会，这是一座谁也没有攀登过的山峰。"2018 年 1 月，丰田总经理说这番话时不在爱知县，而是在得克萨斯州，面对着美国员工。自从 2009 年担任总经理以来，这是他第一次在海外作新年致辞。他列举了谷歌等其他行业的巨头企业，用英语向全世界观看直播的 37 万名员工发出号召："让我们团结一心，打破壁垒，超越极限！"

1957 年，首次向美国出口汽车（丰田·皇冠）

由于人工智能等技术革新，汽车的外观发生了显著的变化。预计 2050 年市场规模将达到 7 万亿美元（约 740 万亿日元），出行行业的竞争非常激烈，美国逐渐转变为向世界发送信号的策源地。舞台的中心是 2017 年 7 月在得克萨斯州启动的北美新总部。

2017 年 9 月，新总部充满了紧张的气氛，"如果失败，股价就会崩"。尝试从世界各地邀请持 20% 丰田股份的机关投资家，丰田总经理用长达 65 分钟时间讲述了创业理念和尖端技术储备，希望他们用长远目光看问题，他说："增长应当是可持续的。"

热销车型的北美自制率

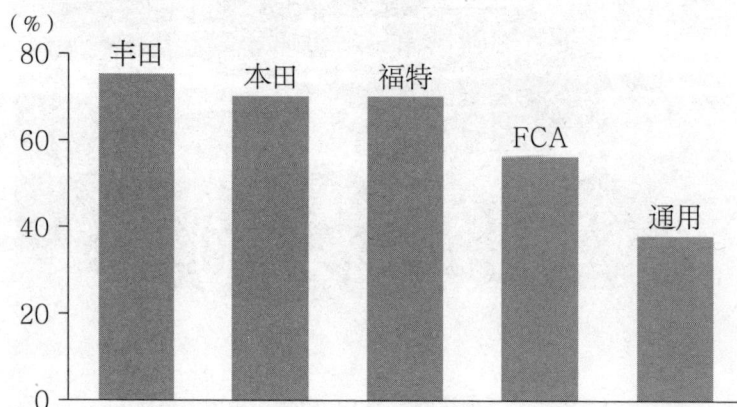

（%）

丰田	本田	福特	FCA	通用

（轿车）凯美瑞（轿车）思域（皮卡）F150（皮卡）RAM（皮卡）索罗德
（资料出处：美国国家公路交通安全管理局调查报告。北美按该局标准，含加拿大。）

汇集4项功能

新总部投入10亿美元，将分散在纽约到加利福尼亚的4项功能汇集起来。契机是2009—2010年的质量问题。当市场份额仅次于通用后，危机很快就来临了。某北美丰田高层回忆说："功能过于分散，主导权在日本那边，应对问题不及时。"

新总部中，日本外派人员占2%多一点，新总部的自主性更强。北美本部长吉姆·楞次专务董事说："这是目光聚焦 50 年后迈出的一步，会加快决策。"

丰田一直把在美国的磨炼转化为成长

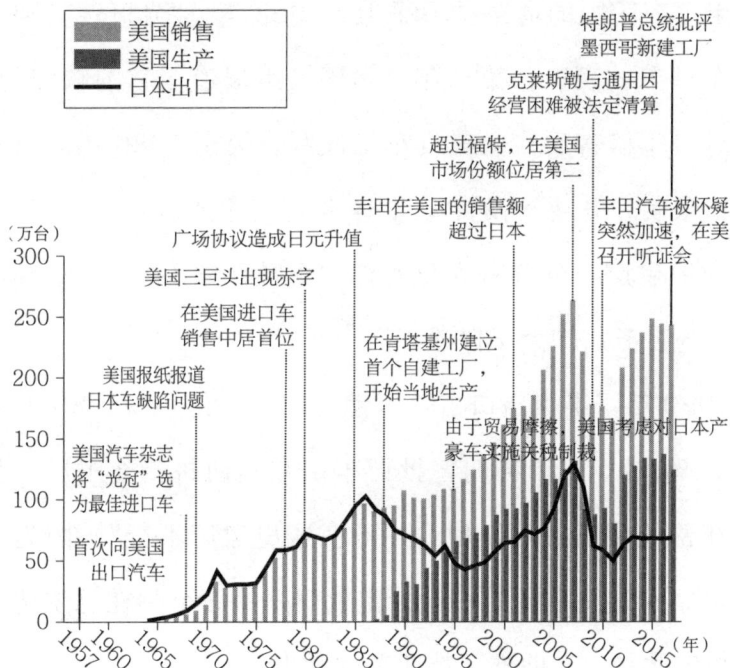

（万台）

- 美国销售
- 美国生产
- 日本出口

特朗普总统批评墨西哥新建工厂

克莱斯勒与通用因经营困难被法定清算

超过福特，在美国市场份额位居第二

丰田在美国的销售额超过日本

丰田汽车被怀疑突然加速，在美召开听证会

广场协议造成日元升值

美国三巨头出现赤字

在美国进口车销售中居首位

在肯塔基州建立首个自建工厂，开始当地生产

美国报纸报道日本车缺陷问题

由于贸易摩擦，美国考虑对日本产豪车实施关税制裁

美国汽车杂志将"光冠"选为最佳进口车

首次向美国出口汽车

300

250

200

150

100

50

0

1957 1960 1965 1970 1975 1980 1985 1990 1995 2000 2005 2010 2015 （年）

丰田在美国的业务始于 1957 年西海岸的销售店。当时虽然只是一个年产 8 万辆的中小厂商，丰田汽车销售的第一任总经理神谷正太郎却大胆地迈出了第一步，他说："硬着头皮也要赚外汇，还要消除日本商品便宜没好货的印象。"丰田在美

101

国的销售如今占全球销售的近三成，与曾经的"老师"——美国三巨头齐头并进了。

生意就是户口本

丰田在美国的道路并不平坦。1968 年，"光冠"受到了美国汽车杂志的表彰，第二年，美国报纸报道了它的缺陷问题。跃居进口车榜首后，全美汽车工人联合会于 1980 年对日本实施出口限制，并要求投资。1984 年与通用成立首个合资公司，负责当地生产。也曾有人反对说"会被巨象吞掉"，结果学到了采购与劳务，扩大了自建工厂。

1990 年，丰田出口占美国销售的比率为 66%，2016 年降到了 27%，2017 年特朗普批评丰田在墨西哥新建工厂，强逼丰田在密歇根州建厂，他说"不在这里建厂不行"。因为五大湖周边原本是民主党的地盘，密歇根州等 3 个州在总统选举中倒戈投向共和党，助推了特朗普的胜出。

通过在印第安纳增产、更新肯塔基工厂、新建工厂等举措，一年之间，丰田公布的在美投资达到了 30 亿美元。超过了通用（10 亿美元），直逼福特（34 亿美元）。田口俊明顾问曾参与 20 世纪 90 年代的贸易摩擦，他说："在美国的生意就是户口本，重要的是，我们做出的贡献不逊色于本土的三巨头。"

2018 年 1 月，阿拉巴马州州长凯伊·艾维在丰田与马自达的新工厂发布会上表示欢迎，她说："雇佣的 4000 人平均可以每年赚到 5 万美元。"一年前，丰田高层还在担心"建成年产 30 万辆的美国工厂会影响作为主心骨的日本生产"，通过与马自达的合作找到了答案。即便如此，在美国当地生产的比例还是比本田低。

发布会的第二天，丰田总经理与美国著名投资家沃伦·巴菲特在内布拉斯加州会晤。据有关人士透露，目的不是出资，而是寻求"对持续增长的建议"。美日两国的人口差在 2050 年会从现在的 2.5 倍扩大到 4 倍。身处全球化时代，"产业报国"这一课题永无尽头。

全球最大的汽车持有国

丰田的成长与美国有很大关系。创业人丰田喜一郎分析了与美国厂商的实力差距，对大野耐一作出指示，确立了用智慧持续改善的"丰田生产方式"。曾追随大野耐一的池渊浩介顾问说："美国的生产效率是日本的 10 倍，要想弥补这一差距，就要将浪费减少到 1/10，丰田的生产方式是在这种想法下诞生的。"

实际上，丰田的营业利润中，北美占了四成左右。中国在新车市场居世界首位，超过美国七成。然而日本政策投资银行认为："美国是全球最大的车辆持有国，今后人口增长较大，更为重要。"

美国的持有数量接近3亿辆，大约是中国的两倍。政策投资银行东海分行的塙贤治次长指出："在美国东西部的城市地区，技术在不断革新，而在南部，传统的大型车更受欢迎。两者很难兼顾，需要掌控方向的好舵手。"

在"看得见脸"的新总部推进意识改革

2017年夏，丰田在得克萨斯州达拉斯近郊的普莱诺市启动了北美新总部。在美国开展业务迎来60周年之际，将纽约州的涉外宣传、肯塔基州的生产统筹、加利福尼亚州的销售等分散于美国各地的四项功能汇集在一起。相当于8.5个东京巨蛋的厂区里矗立着7栋巨型建筑，都配备了太阳能电池板。丰田员工从各地移居过来，再加上当地雇佣的员工，约有4100人在这里工作。在拥有28万人口的普莱诺市区，宾馆及商业设施的建设如火如荼。该市的史蒂夫·斯托勒先生说："预计10年间会带来72亿美元的经济效益。"不仅规模大，楼内用于交流的"合作空间"也占据了一半面积，与爱知县丰田市总部的氛围截然不同。

2018年1月中旬，主楼大厅里摆放着一辆HEV版凯美瑞，提供给网约车服务公司"卡玛"。在日本总部也展示了新车型，不过介绍其他公司的共享汽车服务的案例比较少见。

主楼大厅里展示着用于共享的凯美瑞（2018年1月，得克萨斯州）

楼内除了个人专用的座位之外，到处摆放着色彩丰富、款式多样的桌子与沙发。墙壁很少，镶嵌着玻璃，容易看到对方的面部。还配备了可以午睡的椅子、健身房、竞技攀登的抱石等设施。这些都是为了增强团队的凝聚力，因为他们原本分散在美国各地，从事质量工程、销售、市场营销、金融服务和公司职能等工作。

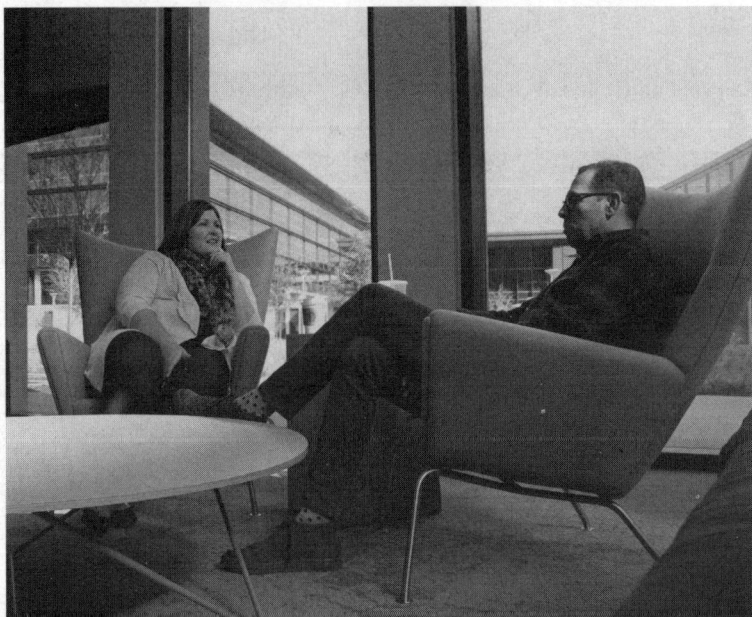

丰田的北美新总部将一半面积划为共享空间（2018 年 1 月，得克萨斯州）

忽略了东西部之间 3 小时的时差，在北美丰田负责传播的第一把手斯科特·巴金讲述了设立新总部的意义："销售、生产、开发的组织文化略有不同，合在一起就能站在消费者的视角，产生更多创意与革新。"他还说："很多员工正在从事传统的工作，然而电动化和自动驾驶等未来的变化一定会发生。用直接面谈取代电话会议，在接下来的 3 年时间里将会引发极大的变化。"新总部的投资额高达 10 亿美元。丰田在美国的起点是 1957 年在加利福尼亚州建成的大约 280 平方米的销售店，高层要求北美新总部负起更大的责任，做出更大的成绩："期待在下一个 50 年，拿出与投资相符的成果。"

第二节　与其在华盛顿，不如在地方上游历

2018 年 2 月，美国副总统彭斯作为主宾受邀参加了日本首相官邸的晚宴。据知情人士透露，丰田总经理向彭斯先生表达了谢意："一年时间里见到了 5 位州长，非常感谢。"

美国副总统的建议

2017 年 1 月，美国前总统特朗普批评丰田在墨西哥新建工厂，他说："没门儿！不在美国建厂的话，就等着缴巨额边境税吧！"紧接着，彭斯先生建议："最好见一见理解地域贡献的州长。"

彭斯先生自 2013 年起，曾在建有丰田工厂的印第安纳州担任了 4 年州长。一年时间里，丰田总经理造访了印第安纳州以及得克萨斯州等 5 个州的首府，传达了"想要成为该城市龙

头企业"的想法。

加上零部件工厂，丰田当时在美国总共建了 10 家工厂。由于当地生产规模的扩大，加上销售店，雇用的员工达到了 14 万人左右。在美国的贸易赤字中，日本在 20 世纪 80 年代占了一半，如今只占一成。即便如此，特朗普开始重新考虑北美的零关税，强加给丰田一个新难题。

不断传授生产方式

"我们对丰田的感谢之情绝对不会因为总统的言行而改变。"在得克萨斯州北部的慈善团体担任资深经理的莎拉·格拉斯女士坚定地说。

该团体将超市剩余的食物分发给低收入者和老年人，由于挑选归类要花很多时间，一天最多能接待 50 个家庭。格拉斯女士说："有的家庭无法享受这项服务，很头疼。"

丰田的生产方式解决了这个问题。将选择商品的专区分为五大块，提高了搬运和库存管理的效率。现在可以接待的家庭接近以前的 2 倍，格拉斯女士满意地说："节省下来的时间可以用来接待顾客或摆放商品，顾客的笑容也增多了。"

得克萨斯州的非营利组织（NPO）导入丰田生产方式后，食物发放效率提高了六成

丰田供应商支持中心支援了得克萨斯州的慈善团体。它们将丰田的生产方式推广到了制造业、医院、NPO 法人。

丰田供应商支持中心诞生于 1992 年的日美贸易摩擦时期，被要求扩大购买美国产的零部件，处于逆境时代。张富士夫顾问曾经是美国生产的一把手，他当时提议："美国教我们造车，该我们报恩了。"与企业管理咨询公司不同，丰田供应商支持中心在堀之内贵司总经理"一起动手改善，共享成功体验"的理念下，踏踏实实地向 300 多家企业和团体传授了秘诀。

这项举措也延伸到了其他国家。2016 年，海外第二个丰田供应商支持中心基地在澳大利亚成立。丰田生产方式的根据地在爱知县，堀之内总经理说："在海外拼搏的经验与诀窍在美国。"美国基地给予了培训方面的支持。

2009—2010年丰田出现质量问题时，当地的员工、销售店、州长、议员等有关人士都站到了丰田这边。在风刀霜剑严相逼的处境下，时任肯塔基州州长的贝西亚等人说："丰田成了攻击性报道的牺牲品，希望大家冷静对待。"曾在美国工作过的某丰田高层说："即使经历了'雷曼事件'后的赤字、质量问题等，丰田也没有裁员，员工们至今感谢丰田。"

疾风知劲草。不断努力创造质优价廉的汽车与服务，继续为当地做贡献，这个初心和原则帮助丰田在逆境中茁壮成长。

⫘ 专访

从医院到家具厂商

将 300 家公司的问题"可视化"

丰田供应商支持中心总经理　堀之内贵司

——1992 年日美贸易摩擦时期成立了丰田供应商支持中心，其目的是给美国的汽车零部件厂商提供技术支持，现在的作用有变化吗？

丰田在创业之初曾向福特汽车和通用学习，向美国报恩是最大的目的。我听说是当时担任美国丰田生产部门一把手的张富士夫顾问向丰田章一郎名誉董事长提议后成立的。基地设在肯塔基州，活动范围涵盖整个美国，顾客大多来自以中西部为主的铁锈地带。

90 年代帮扶的是美国老牌家具厂商赫曼米勒的密歇根州工厂。不仅省掉生产线上的浪费，减少了设备的使用面积和库存。生产能力也提高了三成，从接受订单到出货原本需要 60 个小时，降到 4 小时以下。2011 年成为 NPO 法人，从企业那里获得经费，开展社会奉献活动。

——什么样的帮扶对象在增多？

来自医院的需求较多，我们在帮助改善儿科、急救医疗科、眼科等科室的业务。美国的老年人也在增多，医生和护士的工作越来越忙。例如，手术前需要做好准备，清洗手术刀等工具，有时候会因为无法备齐造成手术延期。加州大学洛杉矶分校附属医院实现高效化之后，员工的下班时间是下午5点左右，提前了2—3小时。可以诊治的患者人数也增加了，单是医疗机构就有10个项目在推进。

——与经营顾问的区别是什么？

顾问只是对经营做出诊断，提出解决方案，是否执行取决于客户的判断。我们会进入现场，使问题'可视化'，缩小改善范围。然后与客户一起动手改善，共同分享成功的体验。在每个行业我们也会学到很多东西，我考虑今后也要将其反馈给汽车生产行业。

——存在的课题和今后的愿景是什么？

以前开车一小时就能到达肯塔基工厂，行驶3小时也能到达印第安纳工厂。很容易招聘到能够传授丰田生产方式的人才，总部搬到了得克萨斯州，到工厂需要5个小时，招聘是个难题。我们也会加强招聘应届毕业生，想为社会做贡献的年轻人在增多。

我们想把帮扶对象扩大到所有行业，包括以前没有经历过的零售业和建筑业。一开始每个帮扶对象都半信半疑。如果组织的领导做好指挥，员工肯一起改善，这样，帮扶效果很明显。我们会支持在澳大利亚成立丰田供应商支持中心，也想为其他海外地区组建基地尽一份力。

第三节　加快摆脱自给自足

"有没有从国外过来时交通方便的房源？"进入 2018 年，丰田的有关人员在东京日本桥等市中心考察办公大楼。之所以不在本埠爱知县，而是在东京寻找，是为了给负责自动驾驶技术实用化的新公司找一个营业场所。

从"模拟装置"到"数字装置"

詹姆斯·库夫纳是 2018 年 3 月成立的新公司的最高领导。他是美国人，原本是谷歌机器人部门的负责人，后来在硅谷的丰田研发子公司"TRI"统率技术部门。丰田将与电装等公司在数年内向新公司投入 3000 亿日元。

优秀人才是自动驾驶和人工智能的法宝，舒适的工作环境和优厚的待遇将会左右企业的竞争力。丰田的一名高层说：

"我们正在研究谷歌的人事制度。如果不从根本上改变报酬和决策机制，就无法从竞争中胜出。"新公司正在加快摆脱自给自足的做法。

丰田逐步在美国增加研发基地

1973 年	成立海外第一个设计中心。
1977 年	在密歇根州建立海外第一个研发基地。
1993 年	在亚利桑那州建设测试场地。
2006 年	海外第一辆碰撞安全性能试验车。
2011 年	成立先进技术安全技术中心。
2016 年	成立 TRI，负责人工智能的技术研发。
2016 年	与微软共建活用数据的新公司。

丰田在 2018 年 1 月的董事调整中将代表 TRI 的吉尔·普拉特先生提拔为相当于丰田总部副总经理级别的"特别研究员"。丰田总经理将普拉特先生比作攀登险峻山峰时的向导，让他坐在先进技术开发公司的第二把手这样一个核心位置，该公司拥有 1 万名员工。普拉特先生认为，"在持续改善耗油率和性能方面，丰田的力量在全世界首屈一指"，但是他又指出以往汽车产业在技术层面的发展非常缓慢。

不过，汽车从靠燃油行驶的"模拟装置"正逐步转变为"数字装置"，搭载众多电子零部件，与外部互联。对于其他行业来说，这个"百年一遇"的突变期，也是加入巨大汽车市场的商机。

谷歌系统的 Waymo 在美国完成了相当于绕地球 200 圈的公路行驶测试，与英国的捷豹、路虎等开展合作，于 2018 年 12 月开始使用自动驾驶汽车，提供商用出租车的网约车服务。2014 年创业的法国 Navya 已经在大约 30 个城市开始了无人驾驶汽车的实证试验。负责开发的董事帕斯卡·里克留充满自信地说："将经营资源集中在一个商业模式上，通过对车辆和软件进行整体开发，我们可以领先大公司。"

日本的手机厂商曾经很强大，但是苹果与谷歌携智能手机这个武器席卷了整个市场。汽车市场也有重蹈覆辙的风险。

没想到丰田竟然造这样的车

在 2018 年举办的国际消费类电子产品展览会上，丰田公布了一款 EV 的概念车。一辆车可以提供快递和零售等多种服务，与以往的"乘用车"风格大不相同。会场上的美国工程师轻声说道："虽然不知道可实现性有多大，不过给人保守印象的丰田竟然造出这样的汽车，真不可思议。"

主导开发的并非日本公司的部门，而是与微软的合资公司 TOYOTA Connected 和 TRI。这款 EV 概念车也可以装载其他公司的自动驾驶系统，丰田的安全软件会在紧急时刻启动。日本总部也曾有过反对意见，不过丰田总经理认为："如果不舍弃过去的成功经验、迎接挑战的话，就没有未来。"

丰田对技术精益求精，不断改进，这一点依然很重要，而革新会带来非连续性的变化。普拉特说："在登山途中跳到别的山上，落到谷底，再重新攀登，需要这样的努力和勇气。"丰田需要与美国向导齐心合力，在眼前的大山上开辟一条新路。

安全第一与变革探索

"全自动驾驶不是终极目标，我们的目的是把交通事故死亡率降为零，这一点不要搞错。"2016 年 7 月中旬，在遥望长野县北部蓼科湖的圣光寺，正在举办一场祭奠交通事故亡灵的法事，TRI 的吉尔·普拉特很投入地和松久保秀胤住持进行讨论。住持说："老年人去世也是悲剧，但是有时间与家人朋友道别，可以提前准备。而死于交通事故的年轻人没有时间准备，一定要防止。"这番话清晰地刻在了吉尔·普拉特的脑海里。

1970 年，为丰田的销售打下基石的神谷正太郎为了祈祷早日杜绝交通事故，在奈良药师寺的协助下创建了圣光寺。当时由于汽车的普及，交通事故骤然增多。每年夏天丰田以及销售公司的管理层都会参加祭奠活动。

丰田从外部提拔普拉特等精通人工智能的人才，加强开发自动驾驶技术。不过，丰田总经理说："开发性命攸关的技术，不应当比速度。"

吉尔·普拉特参加为丰田汽车交通事故亡者公祭的法事"万灯会"（2016 年 7 月，于长野县茅野市圣光寺）

自动驾驶将会大大改变出行服务，企业竞相开发的速度很快。除了谷歌，中国最大的网络搜索引擎百度启动了名为"阿波罗计划"的自动驾驶开发项目。福特汽车、戴姆勒、英特尔、英伟达等国际大牌汽车、信息技术企业也参与其中，目标是在2020年实现全自动驾驶。在自动驾驶的规则制定以及基础设施建设方面可能会产生重大影响。

丰田在1997年推出了混合动力汽车"普锐斯"，将燃效提高了2倍，2014年又发售了使用氢气的燃料电池车"Mirai"。"Mirai"是丰田自主研发的全球第一款批量生产环保车，但是就像"种在沙漠里的一株花"，由于基础设施不完善而苦苦挣扎。

随着人工智能和通信技术的发展，为了研发出舒适又廉价的出行工具，数据和规则制定将会很大程度上决定企业的竞争力。

汽车厂商的变化也很迅速。这让人联想到美国最大的汽车厂商通用的历史，1908年在密歇根州创业，仅过两年就收购了佳得利和庞蒂克，为下一步事业奠定了基础。然而，2017年通用卖掉了德国欧宝，也从印度市场上撤退下来。首席执行官玛丽·博拉说要"断臂求生"，开始一股脑儿地砍掉不盈利的现存业务。反过来，收购了人工智能及汽车共享公司。

如果丰田跟不上全球性技术革新与商业模式的变化，那么由于它的现存业务规模太大，反击就会很难。既要坚持安全第一的理念，又要在全球拥有 37 万员工的企业规模下进行意识改革，艰难的道路还要继续走下去。

第六章

开拓新兴国家

一旦在某个地方设置了生产基地，那里就是我们的家，我们非常重视与当地的紧密联系。

——丰田某高层

第一节 "城市第一"的窘境

2017 年 8 月,澳大利亚丰田工厂的车间里出现了丰田总经理的身影,此行是为了慰劳员工。从 1963 年丰田在该国开始生产,2017 年 10 月,该工厂即将关闭,员工们收到了这样的赠言:"我们在澳大利亚的工厂生产虽然结束了,但我们会继续努力成为更加受人们喜爱的企业。"

兼顾海外生产与日本国内

澳大利亚的丰田员工原本有 3900 人,缩减到了以销售为中心的 1300 人左右。不过,直到 2018 年,丰田一直在帮助下岗员工再就业,还设立了大约 28 亿日元的基金,用来培养当地的年轻人。

之所以给予如此丰厚的援助,是因为丰田总经理上任以来一直谈论关于"城市第一"的想法。某高层解释说："一旦在某个地方设置了生产基地，那里就是我们的家。我们非常重视与当地的紧密联系。"

丰田的海外生产辆数增加到了六成以上

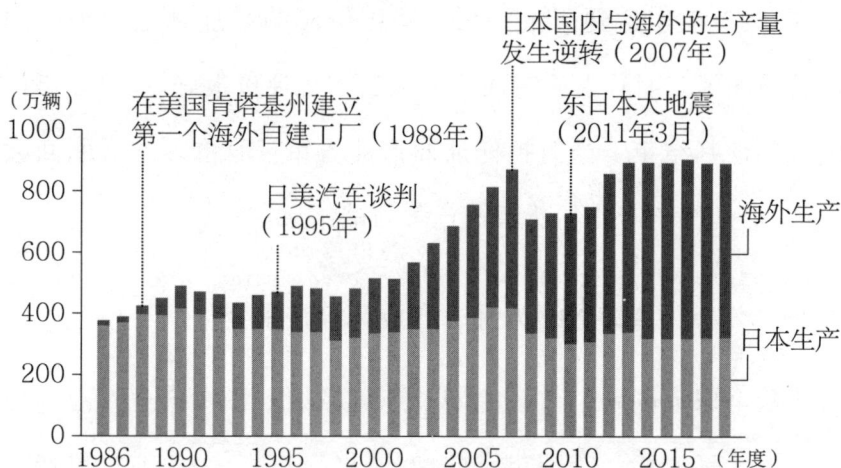

（万辆）

- 在美国肯塔基州建立第一个海外自建工厂（1988年）
- 日美汽车谈判（1995年）
- 日本国内与海外的生产量发生逆转（2007年）
- 东日本大地震（2011年3月）

海外生产
日本生产

```
1000
 800
 600
 400
 200
   0
    1986  1990  1995  2000  2005  2010  2015  （年度）
```

20世纪90年代以后，丰田进军的城市急剧增多，在美国、中国、俄罗斯等国建设工厂，全球大约30个国家和地区都有丰田的工厂。

30多年前，丰田开始在美国生产。以两次汽车贸易摩擦为契机，通过扩大美国工厂来应对。第一次是1984年，在日本自愿限制对美出口的背景下，丰田与美国通用成立了生产汽车的合资公司。

1995 年，汽车谈判结束后，丰田进一步加快了在美国的工厂建设。2011 年，第四家密西西比工厂开始启动，已经达到年产 130 万辆左右的规模，成为仅次于日本的生产基地。

1988 年，在美国市场所占份额为 6.1%，2001 年超过了 10%，2007 年达到了 16.1%。销售份额的增加是因为美国的需求增加了，而且人们对油耗低的日本车评价很好。1995 年日美汽车谈判结束，当时担任通商产业省审议官的坂本吉弘回顾说："那是汽车产业不断磨炼竞争力的结果。"

增速放缓为汽车产业环境带来变化

从全球范围看，市场的增长速度减缓，汽车产业周围的环境也发生了变化。美国市场的增长已经见顶，美国前总统特朗普希望丰田增加在美国的投资和雇佣。丰田公布了 5 年内在美国投资 100 亿美元、强化肯塔基工厂等举措，同时决定与马自达联合在美国建设新工厂。

丰田之所以能够兼顾在美投资的扩大和日本国内生产 300 万辆汽车，是因为从全球范围看，市场在逐步增长。日本国内生产的 300 万辆汽车中，国内销售和出口各占约 150 万辆，其中一半出口到了美国。

据英国IHS Markit预测，2024 年全球新车市场规模为
1.074 亿辆，与 2017 年推算数据相比，预计增加14.8%。不
过，丰田所占市场份额较高的日本和美国继续持平。

丰田在主要国家和地区的排名及市场份额

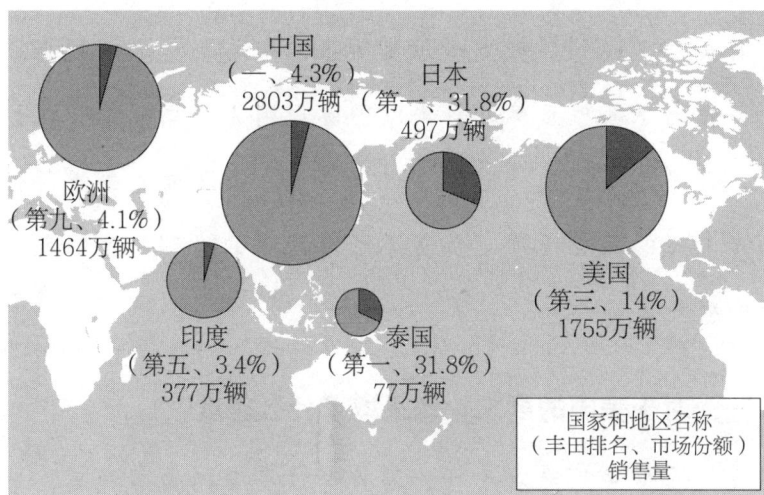

中国
（一、4.3%）
2803万辆

日本
（第一、31.8%）
497万辆

欧洲
（第九、4.1%）
1464万辆

印度
（第五、3.4%）
377万辆

泰国
（第一、31.8%）
77万辆

美国
（第三、14%）
1755万辆

国家和地区名称
（丰田排名、市场份额）
销售量

注：2016 年数据，欧洲数据来自 ACEA 调查，以乘用车为对象。中国以合资
形式开展销售，"—"表示没有数据。

另一方面，在非洲，2018 年丰田销售的新车为 19 万辆，
仅占全球销售的 2%，不过预计 2050 年人口将会倍增。在非
洲、中国和印度等处于增长期的市场开拓变得越来越重要。

⑨ 专访

日美汽车谈判的教训

农林水产大臣　斋藤健

　　丰田等日本的汽车产业加速进军美国的一个原因是 1995 年的日美汽车谈判。美方暗示要对日本实施制裁，征收高额关税，并提出了数值目标。日本以国际规则为托词，在全球拉拢伙伴，最终达成一致，避开了数值目标。斋藤健先生当时担任通商产业省的课长助理，负责了长达两年的谈判，我们就日美谈判的教训采访了他。

　　——对于美国的要求，您采取了什么态度？

　　我们的想法是绝对不行，因为进口多少辆美国汽车，采购几亿美元的零部件，属于民间企业的行为，政府无法做出约定。我们还担心一旦将数值目标引入汽车行业，恐怕也会波及玻璃和胶片等其他行业。从本质上说，由于日本表示坚决反对，结果谈判变得剑拔弩张。

　　——具体来说，您在谈判时是怎样反驳的呢？

　　如果和美国一对一硬拼，就会惨败。我们主张，因为不是社会主义国家，无法设定数值目标，而且我们不能违反国际规则和世界贸易组织的规定。最后，通产省与外务省联手在全世界游说结盟，把美国孤立起来，我认为这才是制胜的关键。

——谈判时也有过险峻的形势吧？

美方在谈判时划定期限，要向日本的豪车征收100%的关税。谁也不知道结果会如何，我们甚至准备好了最后决裂时的公开声明。在谈判过程中，随着日元升值，日本国内的舆论开始朝着灵活应对、让步的方向倾斜，这也让我们很难受。

——对比1995年和现在，您认为在汽车行业，日美关系有什么不同吗？

与1995年相比，现在日本的汽车厂商雇佣美国人，作为美国的公司、工厂运营得很好，我认为这一点有所不同。

第二节　与铃木共同开拓印度

各家日系汽车零部件厂商在印度的生产基地共同关注的是，丰田汽车与铃木在 2018 年 3 月公布的相互 OEM（用对方品牌进行生产）的供应问题。在新兴国家市场实施的战略关系到今后的增长如何，生产什么，生产多少辆，大家都在屏息凝神地观望两家公司的动向。

进一步深究的话，关注的焦点在于"丰田工厂的开工率会提升多少"。据说印度法人丰田基洛斯卡汽车公司的工厂（卡纳塔克邦班加罗尔市）的开工率为 50% 左右。

丰田在印度展开了一番苦战。2017 年新车销售量为 14 万辆，与上一年相比减少了 2%，在当地所占的市场份额停留在了 4%。原因是丰田在印度的生产始于 1999 年，起步有点晚，而且没能投放适合该国的廉价车型。

相反，铃木在 1982 年与印度政府达成协议，合资生产四轮车。在轻型汽车领域开发小型又廉价的车型获得了成功，印度子公司玛鲁蒂铃木在该国占据一半市场份额，增长一直很顺利。负责销售的桥本隆彦执行董事说："截至 2016 年，5 年来，市场规模大约增长了 40 万辆。与玛鲁蒂的增长量相同。"但是，他们一直在努力让生产赶上销售的增长。2017 年 2 月，成立了全资生产子公司，在西部古吉拉特邦启动了年产 25 万辆的工厂。计划今后逐步将该公司的生产能力提升到年产 75 万辆。

电装成立了面向铃木的研发中心（2017 年 12 月，于印度新德里近郊）

丰田系统零部件厂商的当地员工异口同声地说："玛鲁蒂

铃木就是印度版丰田。"在日本支撑丰田的供应商群体，在印度形成了支撑铃木的格局。

在丰田系统坐头把交椅的电装，在印度首都新德里近郊的工厂中设立了技术中心。该中心主要负责使引擎零部件符合标准、调整功率，事实上属于玛鲁蒂铃木专用。正在开发的车辆也会拿过来，每天都在反复修改行车电脑。

丰田在印度的存在感很低

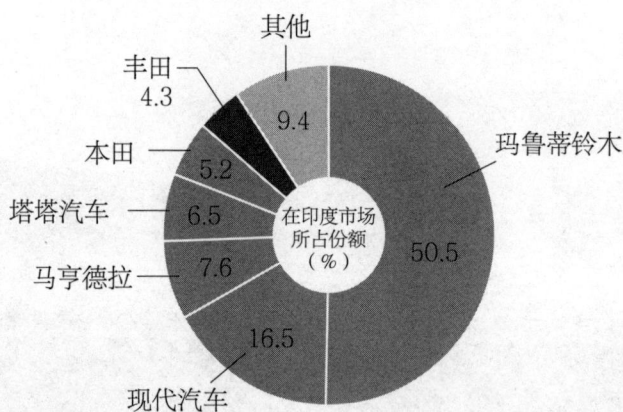

其他 9.4
丰田 4.3
本田 5.2
塔塔汽车 6.5
马亨德拉 7.6
现代汽车 16.5
玛鲁蒂铃木 50.5

在印度市场所占份额（%）

捷太格特也同样部署了专门为铃木服务的制度。当地集团公司的董事长大村秀一眼中透出了热切的目光，他说："我们正在研究，要想在古吉拉特邦实现年产 75 万辆的规模，我们能做些什么。"

玛鲁蒂能够在印度构建压倒性优势地位，得益于它在整个印度有接近 3000 处销售服务网点。这也相当于丰田在日本国内构建的销售网。桥本先生分析说："服务网的压倒性优势让顾客感到放心。"

印度大约有 60 万个村子，其中 75% 是农村。玛鲁蒂的员工从 2013 年起，花费数年时间遍访各村，针对哪个村子里住着学校的老师、哪个村子里有银行窗口等问题搜集了大量数据，试图进一步扩大销售网。

有人预测，2030 年印度的市场规模将会增长到 1000 万辆。丰田作为企业要想继续增长，这块市场不容错过。

丰田通过与铃木联手，为错失良机的事业提供了援助。接连出台了一系列关于 EV 及相互 OEM 的合作政策，两家公司的合作领域能够拓宽、加深到什么程度，将会决定合作能否成功。

第三节　泰国"一家独大"的局面开始动摇

泰国丰田汽车的总经理菅田道信说:"希望能卖出一半HEV车型。"结果超出了他的期望。2018年3月,丰田在泰国发售了小型运动型多用途汽车(SUV)"C-HR"。提前订购的3000辆中,75%是HEV。

其实早在2017年11月开幕的曼谷汽车展上就有征兆了。人们聚集在C-HR前面,观察引擎盖下出现的混合动力系统。当时就有HEV车型的订单了。

丰田在2020年之前投入630亿日元,每年在泰国生产6万辆HEV。既然生产就要卖出去,菅田总经理分析说:"在泰国,人们对HEV的了解还很不够。"在这种状况下,C-HR的销售势头仿佛射入了一道光。

丰田于1962年在泰国成立了整车的生产公司。截至2007

年，完善了 Samrong、Gateway、Ban Pho 3 家工厂体系，生产能力每年大约为 75 万辆。向以中东为代表的全球 120 多个国家和地区出口皮卡——海拉克斯，成长为仅次于日美的重要生产基地。

焊接工艺在日本国内几乎完全实现了自动化，而泰国的生产基地，机器人的使用率仅占四成左右，很大一部分还要依靠人力。凭借多年的经验，提升了"海拉克斯"的质量水平，已经能够返销到日本了。

很多国家纷纷出台推广 EV 的政策，泰国政府也于 2017 年制定了新的税收政策，支持丰田具有优势的 HEV。鉴于这样的趋势，丰田开始在当地生产 HEV。

丰田在泰国大概拥有 150 家销售公司、450 个网点，超过了五十铃与本田的总和，因此销量多年占据榜首，维持了四成左右的市场份额。

然而 2017 年丰田在泰国一家独大的局面开始动摇了。这一年的市场份额为 27.5%，与上一年相比降低了 4.4 个百分点。

市场份额下降最大的原因是，2015 年全面改良后投放的皮卡海拉克斯的外饰获得了差评。正如菅田总经理说的那样："换代失败的话，市场份额马上就会减少。"2017 年福特汽车的销售量增长了四成，超过了丰田。

除了日系车和欧美车，中国的大企业上海汽车集团于2018年1月正式启动量产工厂。2017年9月，中国的大企业浙江吉利控股集团向马来西亚巨头普腾控股出资，丰田系统的某大型零部件厂商高层认为，"估计会凭右舵车进军泰国"，担心竞争进一步加剧。

借着2017年11月举办车展的好时机，丰田更新了海拉克斯的前端设计。2018年1月，丰田的新车销售量与上一年同月相比增加了13%，初显成效。加上C-HR的投放，商品阵容逐渐成形。

丰田集团某高层分析说："拥有那么强大的销售网，本来不可能输。"

丰田能否守住一家独大的局面呢？解决产品阵容问题指日可待，能否进一步增强销售能力也成了人们关注的焦点。

第四节　全力开拓非洲

2018 年 3 月，涵盖非洲大约 40 个国家的丰田经销商代表齐聚位于南非共和国德班市的酒店。丰田非洲总部的一把手今井斗志光常务董事在代表大会上发出号召："我们要靠近顾客，发挥优势。"

今井斗志光的资历非同寻常，曾经在丰田通商负责非洲业务长达 30 年左右，2018 年 1 月受邀担任丰田汽车的董事。

2017 年 11 月，丰田总经理交给今井斗志光的任务之一是非洲攻略："中长期的目标是让丰田在非洲变得更强。"

预计在 2050 年，非洲的人口将超过中国，增长到 25 亿人的规模。新车市场每年大约为 120 万辆，随着人口增长和经济发展，预计将来会成长为一个巨大的市场。丰田在非洲的销售辆数只有 20 万辆，仅占全球销售的 2%，但是存在感很强。这个地区即将正式进入汽车普及时代，能否守住丰田市场领军的地位，将会左右丰田未来的发展潜力。

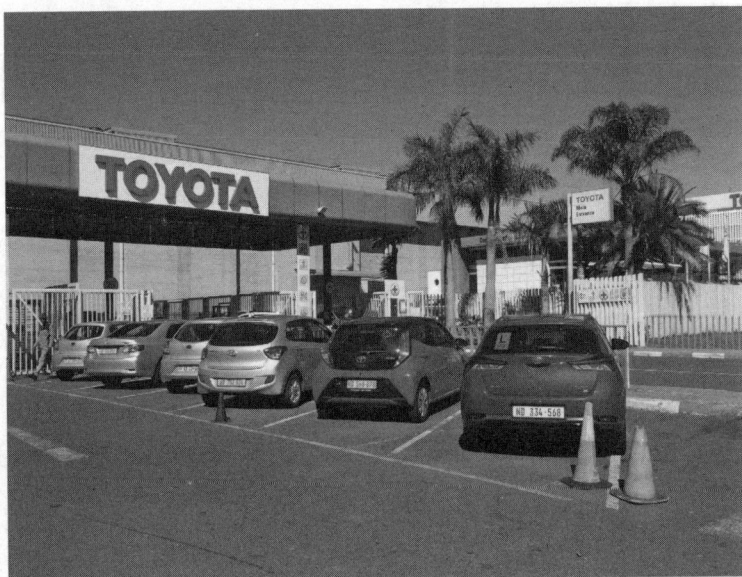

丰田的德班工厂（于南非·德班）

2017年，名为"车队日"的活动，分数次在南非举办。对于非洲的普通消费者来说，汽车是可望而不可即的，购买新车的主要是政府、企业和非政府组织。丰田邀请了50个这样的团体顾客，请他们参观工厂和测试场地。车队日是丰田汽车和丰田通商等丰田系组织的第一个活动，目的是让优质客户更加近距离地感受丰田，提高品牌认知度。

丰田在非洲的销售辆数和持有辆数

非洲北部
销售辆数：约4万辆
持有辆数：约100辆
中东企业等多个经销商运营销售店，欧洲厂商很强，市场份额不高
撒哈拉以南非洲
销售辆数：约4万辆
持有辆数：约10辆
丰田通商集团运营销售店，在大多数地区所占市场份额最高
非洲南部
销售辆数：约12万辆
持有辆数：约180辆
丰田组织管理销售店，南非共和国是最大市场，所占市场份额超过20%

注：持有辆数为每千人的平均数据。

1955年以后，丰田开始在非洲开展业务。最开始是向南非等国出口运动型多用途汽车。1962年，在南非启动工厂，然后逐渐在非洲各地建设销售服务网点。

非洲地大物博，汽车故障可能会引发关乎生命安全的事故。丰田汽车由于"又结实又耐用"的口碑而受到喜爱。今井斗志光说："在非洲有很多人说想买丰田车，我们从来没有辜负客户的期望。我觉得信任的'余额'还很多。"

随着中国和韩国企业相继打入非洲市场，竞争不断加剧。预计汽车共享等新型服务也会渗透进来，丰田需要制定与以往不同的战略。

丰田通商集团的丰通汽车市场肯尼亚有限公司正尝试向新注册优步的司机兜售二手车。

除了东南亚，丰田在新兴国家的存在感还不够强。在中国和印度这两个巨大的市场，丰田明显晚了一步，正在加速追赶。在这样的背景下，非洲是需要经历漫长岁月开拓出来的市场，作为拓荒者仍保有优势。在反复试验中摸索，能否在"最后的边界"胜出？丰田需要倾集团之力继续奋战。

第七章

丰田在中国

经历所有不可能，造就我的可能。

——TNGA 中文广告

第一节 凭红色 "TNGA" 奋起直追

丰田汽车想要在中国打个翻身仗，它的武器是新的生产设计手法——"Toyota New Global Architecture（TNGA）"。公司在 2020 年将 TNGA 架构适用于大约占丰田在中国销售总量七成的车辆，从根本上改革生产与设计。还把 TNGA 改变汽车制造的这种创新性形象，应用到面向中国消费者的营销中。

中国消费者需要的是全球最新车型

2018 年 6 月，在上海市举办的博览会会场上，正在进行全球战略车 "C-HR" 的发售活动，担任中日合资广汽丰田汽车有限公司总经理的鱼住吉博常务董事特意强调："TNGA 是广汽丰田成长的驱动力。"

丰田在地铁等场所向中国消费者宣传"TNGA"

在全球热卖的 C-HR 就是率先使用 TNGA 架构的战略车。TNGA 是一种战略手法，根据不同车型统一设定底盘，共用零部件和设计，这样一来既能提高生产效率，又能降低成本。丰田引入 TNGA 导致了阶段性成本上涨，被称为"分娩前的阵痛"，不过它可以从根本上提高竞争力。

在环保性能和耐久性方面，丰田车在中国获得的评价很高，然而想要征服中国的消费者，单靠汽车的基本性能还不够，还需要有"故事"。丰田为了重获新生，日夜打磨"TNGA"。丰田的某中国高层认为："中国消费者需要的是全球最新车型，如果先把 TNGA 推出去，就可以有效宣传丰田的新颖之处。"

2018 年春，"TNGA 丰巢概念"的标识"霸占"了北京市的地铁站和车厢，随处可见。标识采用了红色背景，让人联想到热情与行动力，配以白色的 TNGA 字样。

在同一时期举办的北京国际车展上，丰田展区最醒目的正面，首先映入眼帘的是红色的"TNGA"标识。会场里面摆放着发动机和底盘，工作人员细致地讲解 TNGA 的概念，它的目标是打造全球最先进的汽车。

"中国市场不好混"

丰田之所以急于在中国市场翻身，是因为除了中国的本土企业，欧美及日系厂商的实力也很强大，丰田的存在感绝对不算强。2017 年大众在中国销售 418 万辆，占据榜首。而丰田在中国仅售出 129 万辆，排在第六位。负责中国业务的小林一弘专务董事坦率地承认在中国市场打拼得艰难，他说："中国的市场可不好混。"他还表示"会努力挑战，尽可能提高市场份额"。

丰田把中国作为最重要的区域，倾注大量人力物力进行开拓。2018 年 6 月，将原本各自独立的中国本部和亚洲本部整合在一起，成立了中国·亚洲本部。它包揽了中国和东南亚、印度等成长市场，统筹规划在各区域实施的对策。

在中国汽车市场日趋成熟的背景下，丰田希望实现超出市场预期的增长率。丰田总经理表示："想把经营资源投入到中国增长市场，不能错过增长的好时机。"在中国的 TNGA 广告中，写着"经历所有不可能，造就我的可能"这样一句中文。

全球各大汽车厂商在中国的汽车市场展开了激烈的竞逐。除了汽车制造水平的优劣之外，能否抓住消费者的心理也很重要。这是一场包括形象战略在内的"大会战"。

在中国适应政策很重要

丰田汽车与中国市场打交道的时间很长，1964 年就开始向中国出口"皇冠"。不过，2000 年以后才开始在当地生产，才算有了真正的发展。与其他日系厂商相比，起步比较晚。

中国针对汽车厂商实行外资股比限制。丰田也与中国本土的第一汽车集团（一汽）、广州汽车集团（广汽）合资开办工厂，销售店采取联手开展业务这种独特的形式。高级车"雷克萨斯"则开设了专卖店，直接从日本进口销售。

中国政府表明了要在 EV 领域领先世界的态度，同时连续出台一系列新的经济政策，例如全面取消对汽车厂商的外资股比限制、降低进口乘用车及汽车零部件的关税等。

撤销外资股比限制后，丰田对于独资开展业务采取了谨慎的态度。关税降低之后，自2018年7月起从日本进口的高级车"雷克萨斯"平均降价6.6%。

2019年投放的插入式混合动力车（PHV）"卡罗拉"和"雷凌"都是适应NEV限制的武器。在EV领域，首先接受合资伙伴的供应，可以为自己赢得一段时间的优势。中国本土厂商不擅长严格控制油耗，而作为丰田全方位战略的基础，HEV技术可以大显身手。丰田在中国发挥自己优势的同时，在政策变更的洪流中乘风破浪、屹立不倒。

丰田在中国不断扩大生产和销售

1964 年	向中国出口"皇冠"。
1996 年	与一汽集团成立天津丰田汽车发动机有限公司。
2000 年	丰田在中国生产的第一款车"柯斯达"在四川丰田开始批量生产。
2001 年	成立丰田汽车（中国）投资有限公司。
2002 年	丰田与一汽签署合作协议。
2004 年	与广汽集团成立广州丰田汽车有限公司。
2005 年	第一家雷克萨斯专卖店开业。
	与一汽集团合资开始生产"普锐斯"。

2006 年	在广州丰田开始生产"凯美瑞"。
2010 年	在广州丰田开始生产"凯美瑞混合动力版"。
2018 年	中国政府发布政策，在 2022 年之前全面废除汽车产业外资股比例限制。
	李克强总理参观考察丰田汽车北海道厂区，由丰田总经理做向导。
	在合资销售店率先发售广汽品牌的 EV "ix4"。
2019 年	开始 NEV 限制。
	发售当地生产的 PHV 卡罗拉、雷凌。
2020 年	在中国发售当地生产的丰田品牌 EV，先于全球其他地域。

第二节　中国是 EV 先进国家

在北京，有条街上车行鳞次栉比。日产汽车与中国本土的东风汽车集团联合开发的自主品牌"启辰"等各家公司都在这里开设了销售店。

EV 起步晚有客户流失的风险

一汽是丰田在中国的合作伙伴之一。在位于北京市中心的一汽专卖店里，我们就 EV 的关注度询问了一下店员，得到了这样的答复："咨询 EV 的顾客还不太多。"该店的热销产品是"双擎"，也就是 HEV。例如，卡罗拉 HEV（1.8 升）的售价是 15 万元（约合 255 万日元）。

丰田急于在中国发售 EV。由于提供补贴、容易挂牌等中国国家政策的影响，消费者对 EV 的关注度提高了，中国一跃成为 EV 先进国家。虽然 EV 销售占新车销售总量的比例不到 10%，但正因为增长空间很大，在 EV 领域起步晚就有客户流失的风险。

三菱 UFJ 摩根士丹利证券的资深分析师杉本浩一分析说："以前是组织拉动 EV 需求，现在个人也有需求了，这种需求扩大的局面会持续到 2020 年。"

丰田曾计划 2020 年在中国生产、销售自主开发的 EV "C-HR"和"奕泽"。丰田首先着手准备在 2018 年出售"ix4"，这是其合作伙伴广汽推出的一款新型纯电动 SUV。丰田的中国员工说："ix4 的销售战略直到发售前夕都不会公布，这很重要，尤其是价格设定。想要看清楚市场后，通过 ix4 的销售为 EV 战略指明方向。"

2020 年之前，丰田以 EV 和 PHV 为主，增加 10 款电动汽车。2020 年以后，在日本、美国、中国、印度等国家及欧洲逐步开展超过 10 款车型的 EV 事业。

自 2019 年起，中国政府根据各家公司的生产量，规定它们必须生产 EV 或 PHV。如果无法完成任务，就需要从其他公司购买被称为"积分"的碳排放权。

ix4 是合资公司生产的车，符合限制要求。丰田在 2019 年 3 月还发售了当地生产的 PHV，计划以北京、天津、上海等一线城市为中心展开销售。

丰田提出了一个目标，在 2030 年销售的 HEV 等电动汽车占全球销售总量的一半以上，超过 550 万辆。除了主力 HEV，还要通过 EV 和 FCV 加快电动化。

中国总理对 FCV 很感兴趣

2018 年 5 月中旬，中国李克强总理参观考察了丰田汽车北海道厂区，据说他接连不断地向陪同的丰田总经理发问，显示了对 FCV 等新一代汽车技术的浓厚兴趣。

FCV 并没有像预期的那样普及，不过，中国却将它作为与 EV 比肩的新一代技术，十分关注。首先探索在城市里用于公交车等商业运营，丰田已经在中国开始了 FCV 的实证试验，试验对象不仅限于乘用车，还计划扩大到公交车等商用领域。

在 2018 年 4 月举办的北京国际车展上，丰田展区的中央舞台上出现了一辆概念车，名为"Fine-Comfort Ride"，跟量产 FCV"Mirai"相比，续航里程增加了五成多。众多参观者认真倾听了相关讲解。

人们对FCV的概念车"Fine-Comfort Ride"很感兴趣（在2018年4月举办的北京国际车展上）

汽车对于中国来说是一个大产业，需要关注"政策风险"。丰田在全球推进的"全方位战略"需要在中国进行微调，以EV和PHV为核心开展竞争。

第三节　中国的 EV 热给各大零部件公司带来强震

"贵公司的零部件可以用于 EV 吗？我们想马上生产电动汽车。"丰田系统的零部件厂商捷太格特的在华销售负责人不断接到这样的咨询。

需要学习新兴势力的速度感

日本企业为了确保安全和性能，至少要花数年时间才能开发一辆车。中国涌现出了一批新兴的 EV 厂商，想要趁着电动化的大潮加入巨大的汽车产业。他们到处寻找零部件供应商，不在乎你是丰田系统还是别的系统。哪怕是早一天，也要尽快加入。该负责人几乎被这种气势压倒，不过他也提起了精神，表示"需要学习这种速度感"。

在电动助力转向系统方面，捷太格特在全球所占的市场份额具有压倒性优势，然而在中国甘居第二，约占 15%。为了在中国扩大市场份额，特意要利用电动化的大潮，好好努力，提高市场份额。

在传统的液压式助力转向系统领域，中国本土的厂商以成本竞争力为武器，已经打开了对汽车厂商的销路。捷太格特中国法人的汽车营业企划部副部长清水刚认为："当助力转向系统由液压式更换为电动时，机会就来了。"

在中国不断推进的电动化大潮，不仅对丰田，也对丰田系零部件厂商造成冲击。变化既蕴藏风险，也会带来机遇。各家公司唯恐错过这次机会，他们的期待与焦虑隐约可见。

瞄准电动化的战略商品

"我们的目标是在 2020 年销售 20 万个，达到 2017 年的 5 倍。"爱信精机的中国技术中心副总经理山田胜久的期望值很高。该公司将"电动滑门"作为瞄准电动化的战略商品，希望扩大销售份额。

在 EV 领域，确保电池空间是一大课题，爱信的电动滑门的优势在于可以将电机等驱动装置安装在门内。使用电动滑门就能够节省空间，模块化以后也能缩短组装时间。

爱信于 2018 年 4 月宣布，其子公司将与中国本土的整车厂商广汽、巨头吉利汽车分别组建合资公司。2020 年开始在中国国内生产自动变速器。"我们相当于是和广汽、吉利'结婚'了，希望进一步加深关系。"爱信高层用这个比喻表达了对中国市场重视的程度。

丰田纺织的中国高层表示："中国厂商行动迅速，我们必须追上丰田电动汽车当地生产化的速度，否则就要落后。"在电动化浪潮的洗礼之下，相关企业受到冲击。2019 年中国启动新的环保政策，2020 年各大公司的主要 EV 车型全部上市，为了建立对自己公司有利的势力范围，相关零部件企业都在努力向前冲。

第八章

动荡的日本市场

越是小规模的销售公司，越要认真考虑撤销与整合或者转让业务。

——某销售店经理

第一节　过疏化地区的销售店跨越车系

北海道新日高町的一家销售店让丰田员工不由得怀疑自己的眼睛。店门口挂着 4 块招牌："丰田"、"Toyopet"、"卡罗拉"、"Netz"。这家店跨越了车系界限，经营该公司 4 个车系的所有车型。

销售 4 个车系的全部车型

来店里的顾客身份五花八门，有个体户、结伴而来的女士、老年人。因为在这里可以订购各个车系的专卖车型，如皇冠、Harrier 等。

这家销售店名叫"日高丰田汽车销售联合公司"，代表着日本目前的汽车市场。

该公司成立于 2011 年 10 月，由北海道的 5 家主要销售店共同出资。作为过疏化地区，新日高町的人口约为 2.2 万人。该公司的法人代表大山琢磨解释说："人口急剧减少，单个公司维持一家店变得困难了。"加上相邻的浦河町，将原有的 8 个店铺合并为 4 个。

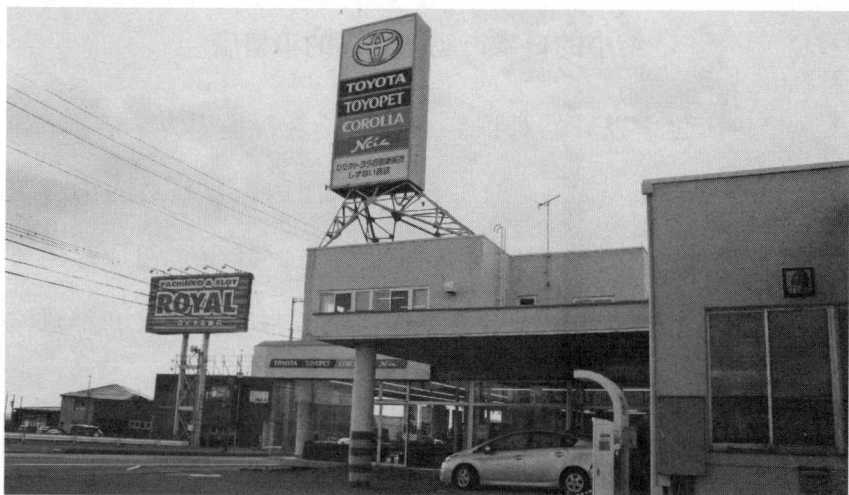

日高丰田汽车销售联合公司的店铺挂着丰田 4 个车系的招牌（北海道新日高町）

丰田为了维持集团的正常运转，决定坚守在日本国内生产300 万辆汽车的规模。它的设想是出口大概占一半，剩下的在国内销售。为了守住国内 150 万辆的销售量，需要进行改革。

2017 年 10 月，各地经销商齐聚全国销售店代表大会。久未露面的丰田总经理发出号召："这是一个没有正确答案的时代。但是，总不能坐以待毙。希望大家能跟上步伐。"日高丰田作为过疏化地区的先进案例，丰田总经理还专门介绍了这个举措。参会的销售店高层不由得打起了精神，他说道："厂商的危机意识很强，在地方上有可能跨越车系对销售店进行撤销与整合。"

缩小的日本市场与动摇的销售店

销售店之所以开始意识到撤销与整合，是因为单店维持 4 个车系变得越来越难。2016 年，日本国内销售辆数为 160 万辆，与 20 世纪 90 年代的巅峰时期相比，减少了四成。由于 EV 和自动驾驶等研发费用的增加，从成本方面考虑，很难维持每个车系的所有车型。

考虑到市场在缩小，丰田决定在 2025 年前后，将在日本销售的车型减少到大约 30 款。剩下的车型中，预计跨越车系的兼售车型大约占一半，1/4 为"埃尔法"等车型的兄弟款。

2018 年 1 月，针对全日本销售店的统一政策也发生了很大变化。负责日本国内销售的佐藤康彦专务董事的思路是："提出新的服务方案，从北海道到冲绳，逐步解决各个地域的不同课题。"

丰田的销售店分为 4 个车系，销售不同车型
（兼售车型：AQUA、普锐斯、86、C-HR 等）

丰田	始于 1946 年。
	专卖车型：世纪、皇冠、陆地巡洋舰等。
	运营销售店的公司：49 家。
Toyopet	始于 1953 年。
	专卖车型：Harrier、锐志、埃尔法等。
	运营销售店的公司：52 家。
卡罗拉	始于 1961 年。
	专卖车型：卡罗拉、诺亚、Passo 等。
	运营销售店的公司：74 家。
Netz	始于 2004 年（Netz 与 Vista 整合）。
	专卖车型：威姿、威尔法、Voxy 等。
	运营销售店的公司：105 家。

丰田汽车的负责人常驻各个地域，探讨根据老年人的需求，制定按需公交的运行问题。日常业务、汽修厂、企业包车等方面的合作将会跨越车系，在各个地区分别开展。

直线型组织结构是以市场扩大为前提建立的，继续保持下去的话，很难适应人口不断减少的日本市场。重要的是，由熟

悉当地的人经营销售店，更容易把握当地的各种需求，应当发挥这种优势。

除了商品本身还要有当地特色

日高丰田汽车销售联合公司法人代表　大山琢磨

——请您讲讲 2011 年联合公司成立的背景。

日高地区原本共有 8 家店铺，分别属于总部设在札幌或苫小牧的 5 家公司。不过，2005 年的时候，我们了解到一件事，该地区 10 年后的人口减少率约为 15%，远高于北海道的平均值（约 4%）。老龄化趋势非常显著，考虑到将来的盈利性，各家公司很难维持自己的店铺。

丰田在日高地区所占的市场份额很大，约为 48%。为了生存下去，继续为顾客提供服务，我们集中了修理厂和工作人员。虽然在掌握顾客信息方面走了一些冤枉路，而在财务方面，2015 年和 2016 年连续两年实现了盈利。2017 年上半年也差不多是同等水平。

——您认为店铺统一销售所有车系的优点和缺点分别是什么？

优点是容易获得新顾客，比如老顾客的家人。因为可以销售所有汽车，原 Netz 专卖店的销售人员也能推荐卡罗拉。从一位老顾客那里可以顺带发展他的儿女、孙子辈或朋友作为客户。

反过来，难点在于销售会向人气车型倾斜。像"埃尔法"和"威尔法"这种不同车系推出的兄弟车型，也会有明显差别。虽然有的母公司的市场份额减少了，但我们一直以来的宗旨是为顾客提供方便。

——具体采取了哪些措施？

首先需要维持汽车持有辆数，思考如何让老顾客的车循环起来。不过，展望一下 5 年到 10 年以后的话，当务之急是寻找年轻一代市场的切入点，也需要抢占新车市场。

当今这个时代，单靠商品本身的竞争力无法获得顾客的青睐，还需要添加当地特色等元素。我们的任务就是尽快找到灵感，还在努力争取。

第二节 压迫丰田销售店的"五座大山"

丰田占三成份额的日本市场开始动摇了。2018 年 3 月的销售量为 156 万辆，与巅峰时期的 1990 年相比，减少了大约四成。由于对汽车电动化等先进技术的投资增多，无力再像以前那样，每个车系的销售店都经营多种车型。从创业期持续了60 多年的日本国内销售的商业模式亟待改革。

销售店高层瞠目结舌

"照这样下去，2025 年前后，所有的销售公司当中，有二成会亏损。"2018 年 7 月中旬，在全日本的强势销售店高层的例会上，丰田官方首次展示的估算数据令高层们瞠目结舌。因为全日本大约有 280 家公司销售丰田车，几乎没有一家亏损，坚挺的业绩也是他们的骄傲。

以 1990 年为峰值，丰田在日本的销售数量开始下降

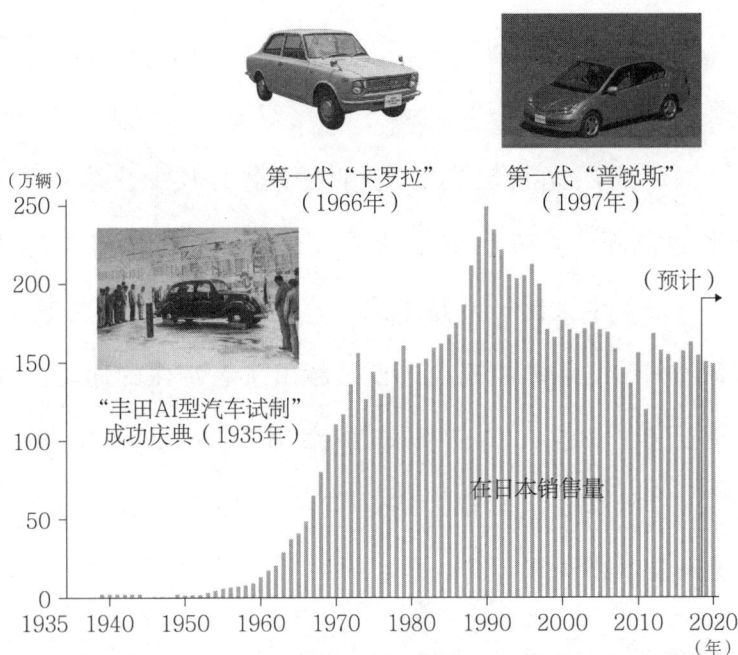

第一代"卡罗拉"
（1966年）

第一代"普锐斯"
（1997年）

"丰田AI型汽车试制"
成功庆典（1935年）

在日本销售量

然而，估算数据将严峻的现实摆在了他们面前。丰田之所以估算 2025 年，是因为到那时，出生于第一次婴儿潮的"团块世代"全都超过了 75 岁，开车的人数会减少。店铺网的重新架构也不可避免。某销售店经理做好了心理准备，他说："越是小规模的销售公司，越要认真考虑撤销与整合或者转让业务。"

"竞争对手变了。这就要求我们进行典范转移。"汽车产业

面临的环境发生了变化，丰田总经理增强了危机意识。人口减少、人力不够、汽车产业中汽车税等税费负担、共享汽车的崛起、对先进技术投资的增加，仿佛"五座大山"压在了丰田人的头顶。

销售店高层尤其担心的是司机数量的减少，这是"一定会到来的危机"。在丰田创业之初的 1940 年，日本总人口（7193 万人）中大约一半是不到 20 岁的年轻人。另外，"年轻人远离汽车"的现象越来越严重，超出了老龄化的速度。2017年，不到 30 岁的人的驾照持有率为 13.6%，低于 10 年前（17.9%）。日本的汽车税大约是美国的 30 倍，高额的税让消费者犹豫要不要买车。

丰田的敌人是丰田

1946 年，丰田开始构建销售店网。将销售店交给当地名流经营，分为丰田店等 4 个车系，每个车系设置专卖车型，用这样的战略扩大了销售网。人口的增加也为汽车行业的发展吹来一股东风，1990 年丰田在日本国内的年销售创下了 250 万辆的纪录。各个车系互相竞争，甚至产生了一种说法，"丰田的敌人是丰田"。

然而，同样挂着丰田招牌的店铺之间相互竞争的局面，在市场规模缩小的情况下，变成了对顾客的你争我夺。再加上为了适应电动化，用于开发先进技术的成本增多，可以用于国内销售的资金减少了，没有更多的资金继续在每个车系开发新车型。

2005 年 3 月，确立了日本国内销售 4 个车系体制，当时的研发费用为 7551 亿日元，2015 年 3 月突破了 1 万亿日元，2019 年 3 月增加到 10800 亿日元，达到了历史新高。

成为"当地的万金油"

如果像以前一样，从新车销售到维修保养服务、折价回收，单是完成这样的循环，丰田无法在与其他行业的竞争中胜出。丰田立足于不断缩小的日本市场，连续采取了一系列措施。

"我们要创造超出汽车销售之外的服务。"负责丰田国内销售的佐藤专务董事正在探索新的销售店的理想状态。利用销售店网络发挥丰田的优势，在将来基础设施不足的过疏化地区，丰田的销售店还要和地方自治体以及金融机构开展合作。作为人们交流的场所，成为"当地的万金油"，他描绘了这样一张蓝图。他认为："丰田 60 年来树立的安心、安全的形象是很大的优势。"

销售现场也开始发生变化了。由于丰田缩小了产能，2017 年开始，Netz 店里的商务车"WISH"和所有店里的轿车"SAI"都不见了。丰田计划将现有的 30 款国内销售车型缩减到 20 款。多个车系开始经营同一车型，丰田汽车销售店协会的久恒兼孝理事长说："不同销售公司联手开设的店铺增多了。"

日本国内年产 300 万辆，其中出口约占一半，面对"百年一遇"的风浪，丰田依然坚持在日本销售 150 万辆的目标。然而由于贸易摩擦不断加剧，能否实现这一目标变得让人难以捉摸。在国内维持 150 万辆销售，也是为了保证当地的就业岗位，守护丰田技术。

2018 年 1 月，日本国内营业部转换了分车系的销售体制，2019 年 4 月，东京的 4 家销售公司整合在一起，改革的基础逐渐形成了。重要的是，将先进技术和店铺网等优势具体落实到服务当中。

专访

车系制度的未来与如何适应新一代汽车

丰田汽车销售店协会理事长　久恒兼孝

——听说其他厂商已经整合了车系。

即使市场规模不断缩小，我们也要通过好的产品、好的店铺、好的服务增加丰田粉丝。丰田几乎全都是本地资本，我想不会马上整合车系或者合并销售公司。

不过，今后随着人口减少，各地就会出现多个出资方联合开店的情况。由于过疏化地区和地价高的区域的资金和商圈有限，实际上2—4个车系共同开店的情况也在增多。

——听说自2018年1月起，丰田的国内营销体制不再以车系为中心。

当初全日本的销售店纷纷表示不安，不过我认为这是一个必然的趋势。在九州的各个县域，轻型汽车所占的比例完全不同。根据地域特性制定方针政策并加以强化，这一点非常重要。

由于县内的丰田系销售公司联合起来为当地做贡献，丰田车的形象也提升了。例如，鹿儿岛县的 5 家公司协办马拉松赛事，捐献插电式混合动力汽车。

——听说丰田树立了目标，在 2025 年将销售汽车的七成改为互联汽车。

由于新一代技术的诞生，销售店的作用也发生了变化。作为销售店，希望拉近与顾客的距离。如果能够收集故障数据进行分析的话，就能迅速提前保养，发出合适的入库通知。

第三节　向欧洲势力的根据地发起挑战

"这一天终于到来了。"2018 年 3 月末，东京总部的一间会议室里，突然被召集起来的丰田系销售公司的高管们不由得打起了精神。当场宣布的消息是：将东京的销售持股公司与旗下的 4 家直营店整合起来。目的是将 4 家直营店原本各自分散的高级车"雷克萨斯"等店铺统一运营。

雷克萨斯在东京的份额为 1.8%

丰田没有选择日本其他地区，而是率先把东京 4 家公司负责的 4 个车系进行了事实上的整合。原因是东京的富裕阶层比较集中，是一块有利可图的沃土。这在日本国内为数不多，尽管如此，丰田却没能攻下这个欧洲豪车的根据地。

2017 年，雷克萨斯在日本国内售出 4.56 万辆，东京占一成多，大约 5900 辆。在东京的豪车品牌市场中，德国厂商生产的"奔驰"和"宝马"所占份额分别为 4.4%、3.4%，雷克萨斯被甩在后面，仅占 1.8%。

丰田汽车的豪车品牌"雷克萨斯"

豪车的单价较高，利润空间大。据日本国内销售人员说："1 辆雷克萨斯的利润相当于普通丰田车的 2—3 倍。"丰田试图通过集中销售雷克萨斯，提高盈利能力，发起反攻。

我们不卖汽车

"要不进去喝杯茶吧？"东京中城日比谷有个新潮的店铺，有一些女性顾客和年轻人陆续走进去。三明治价格适中，仅售

650 日元，甜点做工精致，除了这些食物，还有日本匠人手工制作的钱包等考究的杂货，给人一种精品店的感觉。

其实这家店不是咖啡厅，而是丰田在 2018 年 3 月开业的体验型店铺——"邂逅雷克萨斯"。入口处有"LEXUS"的标识，咖啡厅占了近一半面积。

丰田雷克萨斯部门的日本营销室长冲野和雄谈到开店的目的时，解释说："我们不卖汽车，只是让大家看看，感受一下我们的世界观。""如果去汽车销售店，被各种推荐，很麻烦，不过也该换车了。"让有这种想法的潜在顾客对购车产生兴趣。

一般的销售店只给顾客 20 分钟左右的试驾时间，而这家店可以试驾 1 个多小时。顾客能够在银座和日本桥等附近区域随便兜风，想象一下"自己就是雷克萨斯的主人"。这样的体验店很可能带来订单。

将资金集中到雷克萨斯店

以后更容易灵活运用这种体验店的成果了。丰田子公司丰田东京销售控股公司于 2019 年 4 月更新了制度，统辖东京的 4 家销售公司。丰田总公司全额出资的新公司则直接主抓雷克萨斯店的运营。

之前 4 家公司分别制订计划，各自开店，由于初期投资成本增加，开一家新店需要很长时间。4 家公司计划减少重复开设的丰田车系店铺，同时将资金集中到雷克萨斯店，将东京都内的店铺数量从现在的 20 家增加到 30 家左右。还在探讨与零售、餐饮企业合作开店等各种方案。

诞生于美国的雷克萨斯品牌登陆日本后，十几年过去了。雷克萨斯开辟了海外的豪车市场，能否在东京也闯出一片天呢？

第四节　组织庞大造成步履缓慢

丰田汽车的租赁服务在全日本都很少见，但如今可以在札幌市体验到。

位于札幌市中心的"丰田租赁札幌站前店"。将智能手机靠近出租汽车，就发出了"咔嚓"一声响。想租车的用户不禁凝视着车门想："刚才这一下真的把锁打开了吗？"

正式进军汽车共享市场

用户来到租赁汽车店，站在想租的汽车前面，举起智能手机，按下"开锁"键就可以了。目前还处于实证试验阶段，丰田尚未进行大规模宣传，不过在租车需求较多的札幌和东京，已经悄然向当地的用户开展该项业务了。

"马上就能开锁，真方便。"一位 40 多岁的男性顾客第一次在该店租车，一副很满意的样子。他表示："可以省去拿钥匙的时间，今后有需要的时候还会用。"

丰田考虑的不只是用智能手机代替车钥匙。它把目光投向了汽车共享市场，想在这里大干一场。如果车上搭载了用智能手机开锁的系统，"即使没有车钥匙，也能多个人共用汽车，可以提供'随地还车服务'，不一定非要到租车的地方还车。"

丰田组织庞大，调整会有些迟缓，急于正式进军汽车共享市场，体现了它的危机感。据交通生态出行财团调查，2018年3月日本国内共享汽车的数量为29208辆，注册会员共1320794人。两组数据一年增长了二成，市场规模正急速扩大。

迄今为止，丰田凭借在日本国内铺开的销售网，提供新车销售、贷款购车、维修保养等服务，赚取了利润。这种商业模式的基础是占据全日本汽车持有辆数近五成的库存。在维持以往的盈利模式的同时，关注新业务，实施"全方位型"战略。

与其他汽车厂商不同，丰田九成以上的经营依靠当地资本，所以人手和资金有限。关东地区某销售店高层认为"现在的做法足以让丰田车畅销，这种安心感"阻碍了其发展。

然而，电动化这种新型的汽车业务急剧扩大，单靠以前的做法难以维持一直上升的增长路线。与将经营资源集中投入到擅长领域的创业型企业相比，"全方位型"企业的步履可能会变得迟缓。

"这是一个没有正确答案的时代，但我们不想坐以待毙。"丰田总经理正在探索打开僵局的对策。以电动化为契机，谷歌等其他企业试图开拓汽车市场，在这样的竞争环境下，丰田通过"在销售店与顾客的真实接触"找到了出路。

互联道场

2018 年 6 月，位于爱知县日进市的丰田研修中心聚集了一些销售店员工，他们不由得惊叹道："借助通信数据就能找到发生故障的地方，真厉害啊！"

这一天，丰田举办了"互联道场"。同年 6 月发售的新型"皇冠"和"卡罗拉运动款"被摆放在非常显眼的地方。这两款都是丰田打着"第一款互联汽车"的名义开始出售的新车型，可以通过无线通信细致把握汽车的故障状态。

不需要特意来销售店里检查汽车，也能在合适的时机提醒顾客："差不多该检查发动机了。"对于销售店来说，等于找到了一个优秀的"搭档"。员工们使用实车学习这种互联功能的用法。

丰田举办的"互联汽车日"邀请了当地的销售店负责人和普通市民。在全日本7个主要城市同步直播东京会场的状况（2018年6月，于福冈市）

在皇冠等新车发布会上，邀请了当地的销售店负责人，在全日本7个主要城市同步直播了东京"互联汽车日"活动的状况。负责国内销售的佐藤专务董事认为："后台实时有'人'支援，这种安心感会成为丰田服务的优势。"

"丰田系销售店为您维修发生故障的EV。"这条宣传语也许会在10到20年后成为现实。所有的销售店都在经营HEV，也有很多精通电动汽车维修的技术员。"选择丰田车的话，即使发生故障，也能马上在附近的销售店维修。"这是横扫其他公司的优势。

变革大潮汹涌而至，丰田之前培养起来的销售店与顾客之间的信任关系会成为一大笔财富。新业务在这块地基上生根发芽的话，即使在逐渐缩小的国内市场也能打造一片沃土。

第九章

日本列岛的
防灾准备

日本必须直面自然灾害，首先要保住性命，然后是地域，最后是生产，不要弄错了优先顺序，重要的是培养能够随机应变的人才。

——丰田总经理

第一节 防止南海海槽对"大本营"的危害

爱知、静冈等东海 4 县的工业总产值占整个日本的 1/4，这里汇集了占丰田七成的国内生产量，供应商的工厂、研发机构、总部功能也都汇聚于此。一旦发生南海海槽大地震，政府预测受灾程度将超过东日本大地震的 10 倍。抗震减灾势在必行，当"大本营"遭遇震灾时，丰田集团如何做出预防呢？

破例点名

大林组、中央精机、丰田汽车东日本……2019 年 2 月，名古屋市内，在汇集了 475 家供应商公司领导的例会上，丰田总经理宣读了 11 家公司的名字。对于这些为灾后重建尽心尽力的企业，他表达了谢意："大家团结一心，共抗危机，我心中万分感谢。"

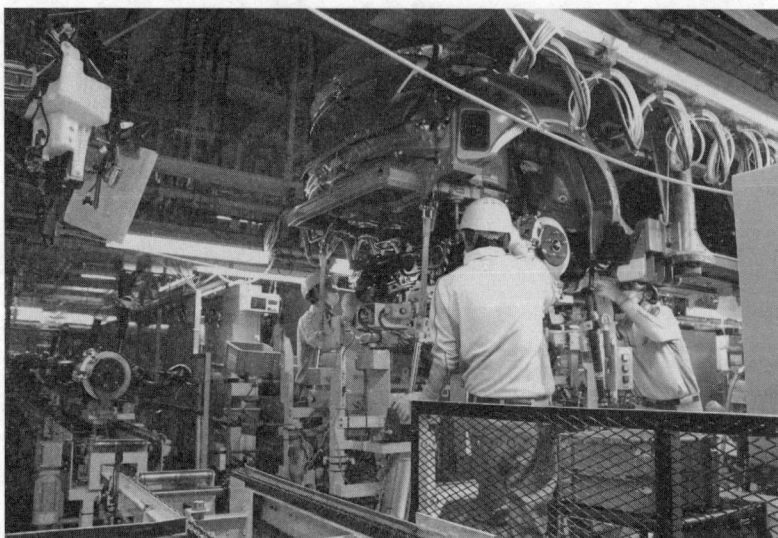

丰田也在持续改善供应链的减灾（岩手县的整车工厂）

往年都会表彰那些在质量管理方面取得成就的组织，2018年首次将视线聚焦灾区援建。因为这一年接连发生了大阪北部地震、西日本暴雨、北海道地震等自然灾害。

一台汽车大约需要3万件零部件，其中75%左右由公司外部的供应商生产。由于组成了全球规模的供应链，所以一旦发生灾害，其影响巨大。阪神大地震、东日本大地震、熊本地震等，每当灾害发生后，丰田集团都会重新评估业务的连续性管理。

提早行动

2018年9月6日凌晨发生了北海道地震，显现了重新评估的重要性。地震发生之后，丰田的生产、采购、总务组成的先遣部队赶往福井县的港口，乘坐轮船和装载救援物资的汽车奔赴北海道。由于整个北海道停电，大林组和丰田东日本等公司也同时行动起来，筹集发电机。

在某供应商的工厂里，停电造成了"凝固风险"，摄氏1500度的铝熔炉温度下降，熔炉即将损坏。不过，整个行业团结一心，包括竞争对手也给予了支援。丰田采购总部的高层说："我们吸取了东日本大地震的教训，在现场当机立断，提早做出了第一步行动。"

受灾的丰田供应商大约有30家，第一步行动的关键在于对供应链状况的把握。虽然震灾规模不同，东日本大地震时花了3周，这一次只用了半天。3·11的教训是余震之后很难掌握供应链的受灾状况，替代工厂的事先准备不足。

减少九成风险零部件

丰田的生产方式及杜绝浪费，容易受到"不利于抗震减灾"的批评。然而，每次发生灾害时都在前线指挥的朝仓正司执行董事强调："果断地全面阻止灾害影响，没有浪费的供应链重建最迅速。"正因为库存少，才能够迅速了解受灾严重的企业，由丰田和其他客户组成的"混编队伍"才能集中力量救援。

东日本大地震之后，丰田与富士通合作开发了供应链信息系统"Rescue"，支持第一步行动。该系统仅用于应对灾害，现在已经囊括了10级客户约40万箱零部件的数据，大幅度提高了列出受灾地点的速度。

"平时准备好风险品目的对策，紧急时刻就能随机应变。"丰田把独家生产或者由于规格特殊很难替代生产的零部件称为"风险品目"，与相关供应商不断商讨对策。东日本大地震发生时，丰田交易的所有品目当中，风险品目占了一半，大约2000种。

通过分散模具和数据、准备替代生产、事先对替代品做出评价，目前风险品目减少到了200种以下。即便如此，还有很多未解决的课题，如电池相关零部件、需要特殊技术或环保对策的化学品等。

今后30年里，南海海槽发生的概率很高，约为70%—80%。震源区域从东海海面延伸到九州海面，震级为9级，丰田总部"大本营"所在地爱知、静冈、三重等10个县的地震烈度预计为7级，还会伴随强烈的海啸。中部经济联合会的常务理事栗原大介指出："受灾地域范围很广，其他地域无法前来救援，当务之急是在这个前提下制定对策。"丰田总经理在公司内部会议上反复强调："抗灾对策永无尽头。日本必须直面自然灾害。首先保住性命，然后是地域，最后是生产，不能搞错了优先顺序，重要的是培养能够随机应变的人才。"

中小企业的 BCP 制定率仅为 4%

哪怕少一个零部件，就没办法生产汽车。新潟中越海面地震时的活塞环、东日本大地震时的半导体、熊本地震时的闭门器都成了当时的瓶颈。受灾企业进一步加强了预防，不过东海地震时会怎样呢？

根据 2018 年中部经济联合会公布的调查数据，关于业务连续性计划（BCP）的制定率，大企业为 57%，中型企业为 17%，而员工少于 20 人的小企业仅为 4%。中小企业纷纷表示"缺乏防灾人才"、"投资会优先生产率"。

名古屋大学减灾联合研究中心主任福和伸夫教授敲响了警钟："考虑到南海海槽带来的困难局面，与震灾中失去的东西相比，为防震所投入的资金和精力要少得多。"

"陆地孤岛"给出启示

据日本帝国数据库统计，丰田集团的一级和二级供应商在全日本有 4 万家，其中爱知县多达 7000 家。单个公司的防灾能力有限，应该如何应对呢？100 多家公司联合起来努力减灾，这座"陆地孤岛"给出了启示。

"明海地区产业基地"位于爱知县丰桥市的三河湾，在丰田的田原工厂对面，由原海军航空基地所在的小岛和填海土地组成，除了防洪堤，大约占地 660 公顷。

南海海槽发生地震时，预计最大烈度为 7 级，还会带来 2.7 米的海啸，引发喷砂冒水现象。此地没有居民，也缺少医疗机构等公共服务。综合开发机构的副主任清水厚祐说："如果与内陆相连的桥无法通行，这里就会成为陆地孤岛，如果不相互协助，我们就逃不过这一劫。"这种危机感促成了当地大约 120 家企业的合作。

1 家公司无法推动防灾组织的建立

2019 年 7 月也就是提出申请的 5 年后，终于在明海地区的公园里组织了抢救演练。在丰桥市，当灾害发生时，伤者会被送往中学等市里指定的 23 处应急救护所，而明海地区没有，需要运送到内陆地区。

2014年2月，由明海地区的企业组成的防灾联络委员会向丰桥市政府提出申请，要求设置救护场所。准备场地、医药、气垫帐篷等物品，确保医疗工作可以开展，经过一系列的努力，终于在2017年得到认可。电装丰桥制作所成了防灾对策总部，为了方便受灾人员和医生通行，将厂区与救护所所在的公园之间的围墙拆除，2018年11月设置了联络通道，救护所演练终于得偿所愿。联合委员会与市里反复协商，最终决定新建一条1.4公里的"救命通道"，连接明海与内陆的国道。

电装丰桥制作所生产的汽车压缩机的组成部件占全球需求量的1/3。该所古海盛昭所长担任了明海地区防灾联络委员会会长，他认为："单靠1家公司申请，无法推动事情的进展。面对地域特有的风险，政府、基建单位、企业之间的互助很重要。"

2018 年 11 月，电装丰桥制作所拆除自己公司的围墙，新建一条通道，连接厂区与新的应急救护所广场（爱知县丰桥市）

　　放眼日本各地的工业园区，鲜有为防灾而合作的先例。有 1 万多人在明海工作，工业总产值为 5400 亿日元，与高知县相当，但是当地企业的行业与规模之间的差距很大。其他地区零部件骨干企业的领导说："如果不能提高竞争力，我们就不想大费周章地去联合防灾。"不过，当地企业齐心协力，也更容易推动政府工作的开展。

防止通信瘫痪

　　当地震灾害发生时，政府和电力公司接到的联络过于集中，有时候会造成通信瘫痪。为了防止这种状况发生，明海地区以 5 家公司为代表，反复进行汇总紧急信息的训练，它们分别是电装、TOPY 工业、花王、东洋制罐、丰桥饲料。也就是说，以当地企业为核心主动构建了联络机制。将实践中获得的教训逐一反馈，根据实际情况不断改善。2018 年的第 24 号台风造成了 31 个小时的停电，当发现已有的对讲机无法充分保障通话，于是以 5 家公司为首，开始准备新型无线电设备，能够共享照片、长时间通话。

古海所长说："企业生存的关键在于守住人员。为了整个地区零死亡，我们只能硬着头皮干下去。"即便如此，明海地区单个公司的 BCP 制定率还很低。喷砂冒水的风险很大，需要与基建单位合作，还有无穷无尽的课题。

灾害发生时难免会出现突发状况，不过为了尽可能减少身边的人、地域和产业所受的损害，提前防备还来得及。

📶 专访

南海海槽大地震是国难

名古屋大学教授　福和伸夫

根据土木学会2018年公布的推算结果，南海海槽大地震发生后，20年的经济损失最高达1410万亿日元。从东海到九州所受损害将达到国家预算的14倍。名古屋大学教授福和伸夫指出："南海海槽大地震属于国难。如果不铆足劲儿减灾，日本就会完蛋。"我们就存在的课题和必要的行动采访了他。

——您认为东海发生大地震会造成什么影响？

东海4县的工业产品的产值规模为80万亿日元，也包括出口，如果产业停滞不前，就会对世界经济造成影响。制造业一旦失去国际竞争力，就很难恢复，国家综合实力就会下降。减灾很重要，可是制造业需要生产、采购、总务、人事等部门横向联合。丰田等汽车厂商的各部门组织庞大，又有众多供应商，还存在很多课题。

我看了各种企业的BCP，有很多明显是形式主义。例如3天的储备，没有顾及基础设施的受灾状况，只是为了应付总经理和股东。要想真正减灾，就需要一个考虑对策的团队，把对自己公司不利的情况真正考虑周全，甚至会摧毁自己的公司。有的工厂所在位置喷砂冒水的风险很大，维生管线有可能会中断。重要的是将不利信息上报给高层领导，在实践中摸索对策。

——听说中小企业的 BCP 制定率尤其低。

它们缺乏资金和人才，往往更重视生产率。最大的问题是继承，如果没有继承人，就不会有人认真考虑将来。国土强韧化税制支援了投资，希望扩大适用范围。

——您认为基础设施方面存在什么课题?

有很多课题，比如道路、港湾、堤防，不过最大的瓶颈是工业用水。设备的抗震性、备用供水管道对发电站和工厂来说不可或缺，而这方面的对策很落后。丰田市和刈谷市有很多丰田集团的生产基地，给它们供水的西三河工业用水属于爱知县企业厅管辖，上游归农林水产省，水源水库归国土交通省和监督官厅分别管理，也有一些部门横向联合起来实施对策。道路也由国家、县、市町村分别管理，缺乏优先联通机制。

——有什么解决方案吗?

东海地区有很多竞争力强的制造企业，实际没有贷款，企业习惯是以长远眼光看问题。为了防止整个地区沉没，必须与政府、基建单位讨论对彼此不利的状况，从根本上解决问题。这个地区应当率先设立智囊团，产学研联合起来，真心致力于抗震减灾。东海模式形成以后，再衍生出来关西版和关东版，就能在地域之间形成互助网络。

第二节　自家风险令人震惊

　　丰田汽车集团提倡的优先顺序，首先是自己和家人的性命，然后是地域，最后是生产。这就要求员工在受灾时遵守这一原则。为最受重视的家庭减灾提供支援，捷太格特在这方面的做法出类拔萃。它向大约 15000 人发放了"减灾病历"，上面分别记载了各家各户的受灾风险，几乎涵盖了公司的所有员工。还通过严冬寒夜里在单位演练，推动意识变革。

　　西科姆集团公司向大约 7300 家公司提供安全确认服务，西科姆信任系统的专务执行董事铃木徹也赞叹道："没有哪家制造企业像捷太格特那样致力于家庭和个人的减灾。"它的预防措施不仅在丰田集团内部，在全日本也属于顶尖水平，因此西科姆在面向客户举办说明会时，甚至会邀请捷太格特防灾推进室的员工来讲课。

"我与丈夫和女儿的集合地点竟然是大红色，喷砂冒水风险很高，把我吓到了。在看病历之前，我根本没意识到危险。"

捷太格特总务部的鱼井绘实女士住在大阪市天王寺区一栋20层高的公寓里，如果发生震灾，他们原本打算到自己家附近的小学去避难，通过召开家庭会议，改到了中学。

捷太格特自2016年夏天开始挨家挨户给员工寄送的"减灾病历"。上面标记着每个员工住宅附近面临的最大震灾风险。捷太格特与野村综合研究所联手，利用了内阁府中央防灾会议的数据和模拟系统。病例中有一页是"您家附近的风险地图"，自己家的周边被涂上了红、黄、蓝、白各种颜色。以各种比例尺标记了摇晃、喷砂冒水、海啸浸水的风险，一目了然。

各位员工察看自己家的"风险地图"，推进家庭减灾（捷太格特的大阪总部）

南海海槽大地震预计死亡人数

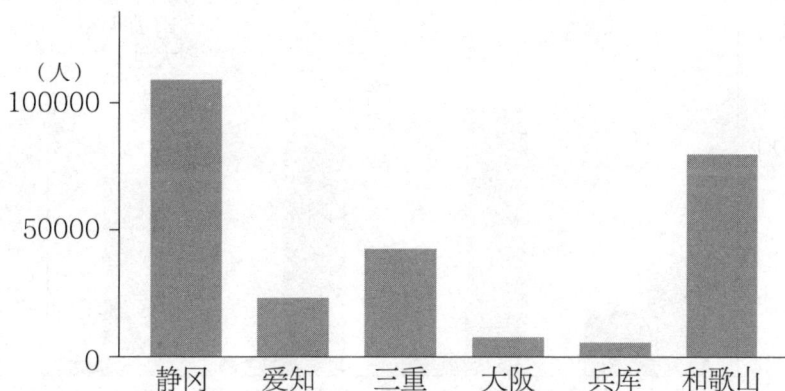

（人）

100000

50000

0

静冈　爱知　三重　大阪　兵库　和歌山

注：内阁府·专家会议于 2013 年公布的最坏估计。

另外，如果选择了房屋构造、建筑年份、是否有减灾项目，就会生成一个九边形的图表，标识了"摇晃""喷砂冒水""屋内受灾""火灾蔓延""停水""道路断裂"等危险程度的等级。鱼井女士家的病历上写着，由于上町断层的地震，最大烈度为 7 级。她开始询问孩子所在学校和培训班的预计逃生场所，在公司桌子上也准备了食物和常备药。她表示非常感谢这份病历让自己的减灾意识一下子提高了。

防灾推进室的岩场正室长亲手打造了这个减灾病历机制，他说："首先要守住家庭，才能复兴事业。人是容易忘记的生物，重要的是如何提高减灾意识。"

南海海槽大地震的预计最大受害程度远高于东日本大地震

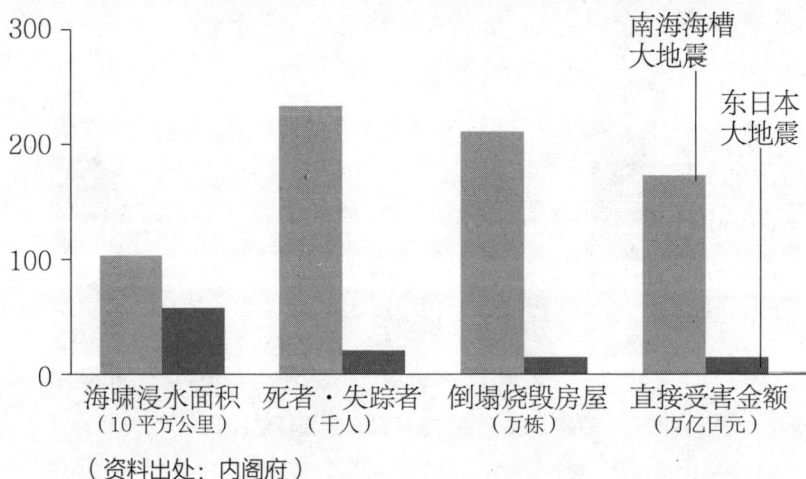

（资料出处：内阁府）

东日本大地震发生时，营业统筹部的田中彻与大阪分公司第一营业课的柴田宏一都在关东，现在分别与家人住在奈良县生驹市和奈良市的独门独院里。他们收到的病历上写着，由于生驹断层的地震，预计最大烈度超过 6 级。两人异口同声地说："我们忘记了 2011 年 3 · 11 中吃过的苦。"以病例为契机，与家人商量防灾措施，加强储备。田中表示今后"想和邻居共享信息与对策"。

"这个 BCP，既然没用的话，不如扔掉吧？"2013 年 12 月，安形哲夫总经理的一句话彻底改变了捷太格特的减灾举措。岩场室长回忆说："8 个月之前刚制做好 BCP 手册，只是罗列了注意事项，老实说是纸上谈兵。"

将捷太格特的行动哲学和价值观深化到"BCP 基本方针"中。在个人层面，新的 BCP 将人与具体的行动顺序结合起来了。全部董事和全职监事共计约 30 人，针对受灾时有可能发生的二律背反的两难决断，以及需要追究责任的事情，反复进行讨论。岩场室长走访了单位周边 5 公里的区域，调查了过去发生的灾害、基础设施和地形，逐条增加风险对策。

岩手县宫古市田老地区（原田老町）修筑了高大的防洪堤，称之为"万里长城"。在 2011 年 3·11 地震中，海啸越过防洪堤，吞噬了近 200 条生命。即便如此，员工之间的减灾意识存在很大差距。岩场室长认为："无论怎样通过硬件进行减灾对策，都不会将风险降为零。最难的是意识改革，必须想办法。"这才想到了个人与家庭减灾。

捷太格特的总部位于名古屋和大阪，它生产的电动助力转向系统在全球市场所占份额高居榜首。除了最大的股东丰田，捷太格特与欧美厂商的交易也很多。还生产机床，在日本国内大约有 60 处生产基地，其中东海、关西、四国地区有很多工厂，一旦发生像南海海槽那样的大地震，所受的损失将无法估量。

2018 年 12 月 14 日晚上 7 点，爱知县冈崎市的花园工厂正在轮值夜班，室内灯光突然熄灭了，约250人开始了震灾演练。大家拿着手电筒，按照引导到外部安全场所避难，气温只有5摄氏度。参加演练的安形总经理说："单是在明亮的白天演练也没有意义，为了保护自己，演练时要尽量增加严苛的环境。"

英国心理学家约翰·利奇博士在研究中指出，当遭遇意外灾难时，人的行动分为三种类型：由于震惊而目瞪口呆的人超过70%，惊慌失措、大哭大叫的人不到15%，沉着冷静的人占10%—15%。要想在未知的灾害中存活下来，复兴生活中必不可少的产业，只有进行减灾意识改革、准确把握风险、严格训练、严加防范。

专访

根植减灾意识

追求家庭减灾的捷太格特防灾推进室室长　岩场正

——您为什么要让全公司员工致力于个人和家庭减灾？

地球有 12 大板块，日本位于其中 4 块互相挤压的位置，发生大地震的可能性极大。很多企业一贯坚持在单位减灾，但如果家人伤亡、自家房屋损毁的话，就无法上班。事业无法继续，复工遥遥无期。捷太格特在全日本大约 60 个生产基地，有 1.5 万人在工作，捷太格特的家庭减灾还在半路上。第一步是准确了解自家住宅和家人受灾的风险，公司在这方面可以提供帮助。

——给每个员工的家庭住宅发放"减灾病历"，这在全日本没有先例，您是怎么想到的？

减灾演练手册脏兮兮的，人是很容易忘记的。总经理吩咐我建立守护员工生命的机制，我冥思苦想了两年，在"综合体检"那里得到了启发。我把每个员工的住宅遭遇震灾时的情形写成病历，又配上小册子，通过照片和插图解释专业术语。邮寄后过了两周，几乎没有反应，我以为搞砸了。不过，从第三周开始，家庭会议开完了，疑问和响应如雪片般飞来，响应率达到了 92%。每年会邮寄更新版，希望可以在家中定期根植减灾意识。

捷太格特防灾负责人的五条须知

1	即使活动轨迹令人不满意，也一定要留下记录。
2	横向展开业务不能靠复印。
3	防灾的主体在现场。
4	受灾情况会因位置和灾情的不同有很大不同。
5	防灾始于"智慧"，最后要靠"身体"掌握。

（资料出处：捷太格特）

——在很多组织机构，减灾意识并没有深入人心。您认为问题是什么？

例如，对于安全确认的响应率，当初只有五成左右。有的员工问"我有义务回答吗"，有 300 人回复说"家人全部死光"。可是，身为防灾负责人不能生气。自己的死伤一定会给别人带来悲伤或痛苦。部门负责人要切切实实追踪团队情况，然后由上级领导审核，再交给灾害对策本部复审。在组织当中明确分工，耐心说明意图，响应率最高达到了 99.9%。问题是如何改换形式，以免产生审美疲劳。

第三节 基建落后要靠公私合作

2019 年 5 月发布了一本 80 多页的小册子，在政府和产业界引起了一连串反响，小册子封面上全是令人触目惊心的照片——堤防坍塌、高速公路倒塌、港湾起火。采用的是中部经济联合会的"倡议书"的形式，封面非常与众不同，视觉冲击力很强。

倡议书的标题是《为了把南海海槽大地震给中部经济界造成的影响降到最低》。以爱知县为例，指出了道路、工业用水、河川与海岸的堤防、港湾等公共基础设施的具体问题，以期加快制定对策。

例如，应急运输道路对于灾后重建来说不可或缺。中部经济圈大约有 1.3 万公里，发生灾害时，有的桥梁因为断坡可能无法通行，而市町村的道路由于缺少预算，抗震强化工程遥遥无期。港湾支撑着资源和工业产品的进出口，关于海岸岩壁的抗震强化，名古屋港口的施工率仅为 39%。木曾三川流经海拔为零的浓尾平原，此处堤防有一半未采取任何抗震措施。

安城净水厂为西三河提供工业用水，日供水能力为 30 万立方米（爱知县安城市）

中经联指出："灾后重建基本要靠企业自力更生。如果不减少公共基础设施的受害风险，就不可能尽早恢复经济活动。"

2019 年 4 月，位于津市的一家宾馆，三重县的经济界事先听了关于倡议书的汇报，强烈要求中经联的丰田铁郎会长进一步扩大调查的地域范围。中经联计划今后号召关西、四国、九州等各地的经济团体进行合作。以此为契机，发生灾害时，全日本危险程度高的公共基础设施问题可能会受到关注。

工业用水的抗震强化费用逐渐增多

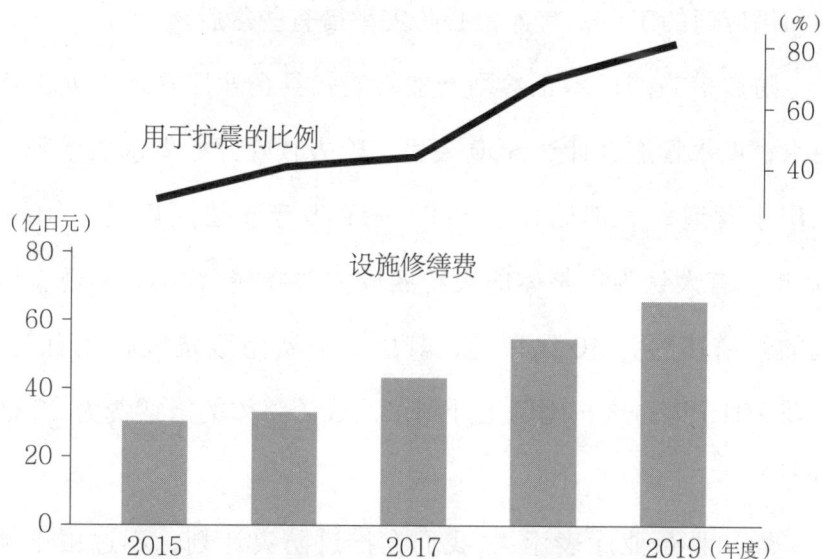

注：用于抗震也包含更换管道、改建等。
（资料出处：爱知县企业厅）

　　为何作为基础设施的抗震施工落后呢？倡议书中指出，原因在于从第二次世界大战后到经济高度增长期修建的基础设施逐渐老化腐朽，行政管理分散等。

　　安城净水厂位于爱知县安城市一个恬静的田园地带。每天向丰田市和刈谷市等 9 市 1 町供应近 30 万立方米的工业用水。工业用水被称为"产业的血液"，安城净水厂还向中部地区最大的电力公司——碧南火力发电站供水，是保障其运转的关键。然而，该净水厂的抗震强化工程尚未完成。由于无法完全停止运行，改建的工期就拉长了。这里汇集了很多丰田汽车集团和供应商的工厂，有人担心防灾举措有些落后。

防震措施的成本正急剧增加。爱知县企业厅管理 4 处工业用水，供水管道合计达 800 公里。除去较晚开始供水的尾张工业用水管道，大都始建于 1961—1975 年。建成后过了 40—60 年，有人认为：整体的大约四成需要修缮。2015 年现有设施的修缮费约为 30 亿日元，其中三成费用跟抗震强化有关。而在 2019 年，这一比例上升到了八成（整体的修缮费为 65 亿日元）。

爱知县企业厅表示："我们在推进防灾计划，不过由于预算和人手有限，需要一定时间。"即便如此，还存在很多问题。比如西三河地域的供水管双线化、供应名古屋市的爱知用水存在喷砂冒水风险。

倡议书中还指出，基建的管辖主体不同，也是需要解决的问题。以西三河工业用水为例，水源矢作水库归国土交通省管辖，和农业用水共用上游，再往下的工业用水属于爱知县企业厅。

名古屋大学的福和教授曾参与中经联的调查，他指出：

"由于财政困难，不可能对所有基础设施进行修缮。各省厅、都道府县、市町村、产业界应当统观全局，加快修缮那些会对产业造成致命影响的关键基础设施。同时也应当考虑将基础设施的运营主体改为股份公司，由民间出资。"

根据土木学会估算，如果强化道路、港湾、海岸堤防、设备的抗震对策，20 年间可以减少四至六成日本整体的经济损失。预计南海海槽大地震仅是给东海 4 县造成的直接经济损失就会接近 70 万亿日元。

土木学会中经联指出："从国家到市町村，信息公开程度还远远不够。"除了企业自救、与当地合作，还要推进产学研一体的基建防灾。否则，"国民生活水平长期低迷，日本再也不会被称为经济大国、主要发达国家了"。能否齐心协力共同面对"不美好的现实"，决定了基建防灾能否成功。

🛜专访

为防总部功能丧失

转移研发部门 Cataler 总经理　砂川博明

Cataler是生产汽车专用催化剂的大公司，力争成为防灾方面的龙头企业。丰田和铃木等整车厂商、丰田的供应商团体、日本科学技术联盟、工会等多方人士前来考察。目的是为了学习该公司的防灾经验，在基础设施受损严重的情况下也能守护生命、完成供应任务。关于贯彻业务连续性计划的背景和方法，我们采访了砂川博明总经理。

——请您讲一下为什么要将研发功能转移到离总部约30公里的地方？

总部位于南海海槽大地震的震源地，离海岸700米，到滨冈核电站的直线距离是7公里。地震、海啸、核电站是地理位置面临的三大风险。海岸线有沙丘，估计海啸不会从正面袭击。核电站那边，中部电力公司做好了彻底防护。即便如此，我们跟客户说"没问题"，还是没有说服力。

我们决定将逆境转化为优势，从根本上提高业务连续性能力。万一因为核电站事故造成我们长期无法进行生产，为了能够延续下去，我们把最大资产研发功能放在了"应急防护措施区域"之外。

——请问您获得业务连续性国际标准"ISO22301"认证的目的是什么？

危机感一定会淡化。由于东日本大地震，大家的危机意识很强，趁此机会一举完成了筹划。每次更新 ISO 标准，大家的危机意识就会增强些，可以防止危机意识淡化。我们在中国、北美、非洲、泰国等海外工厂增加平时的委托生产，2015 年所有产品都能够在海外替代生产了。从泰国发货到日本需要大约 15 天，我们在爱知县的仓库里也准备了库存。发生灾害时，我们会通过库存、海外生产和国内重建来完成供应任务。

——投资的增加不会造成竞争力下降吗？

为了防止基础设施无法发挥作用，我们准备了 4 种通信系统。还有应急用的自家发电机，地下油库里存放的汽油足以供员工通勤一个月。风险对策需要花费成本，不过这是与客户沟通的关键要素，从结果来看会提高竞争力。为了以防万一，我们在新的办公地点预留了 12 万平方米的空地，不过归根结底生产功能还是在总部那边。

——今后发展的重点是什么？

考虑到海外，还有传染病、恐怖袭击、暴乱、罢工等各种风险，从全球格局考虑的业务连续性对策才进行了一半。我想逐步强化海外工厂之间的互补体制。因为我们积累了很多具体经验，希望通过共享信息为整个供应链做一些贡献。

第十章

紧要关头的
人才培养

我们培养人才的目的归根结底不是夺金，而是让他们彻底
理解制造的原理原则，直到最后一刻也不放弃。

第一节　通过竞赛和穿越五大洲培养年轻人

在大约 80 年前的创业期，丰田汽车的创始人丰田喜一郎曾这样告诫员工："虽然有批判能力，却没有执行能力。这样的技术人员造不出汽车来。"丰田喜一郎要求的是"实践能力"，也就是主动解决问题的能力。丰田全球有 37 万名员工，在发展壮大的过程中，越来越多的员工远离了生产现场，这是丰田面临的突出问题之一。为了解决这一问题，需要返回原点——培养人才。

"这是一个处于紧要关头的时代，要么适应新时代存活下去，要么完蛋。"丰田喜一郎的孙子丰田汽车总经理经常这样说，他要求全球 37 万名员工改变行动，把人才培养作为重中之重，强调"实践主义"。

2019 年 3 月的合并营收超过了 30 万亿日元，这在日本企业当中尚属首次，而且营业利润率连续 6 年稳定在 10% 左右，但是由于信息技术的革新，出行产业进入剧烈变化期，他增强了危机意识。

因竞赛结果流下不甘的泪水

2019 年 6 月 23 日，在德国纽堡林举办了 24 小时耐力赛。丰田总经理化身车手"MORIZO"，亲自参加竞赛，他对参赛者这样说："今天也有人因为不甘心而流泪，这会让你变得强大。为了制造更好的汽车，这个活动应该放在我们人才培养的核心位置。"

丰田从 2007 年开始一直举办该比赛。致力于开发新一代技术的保时捷、宝马、梅赛德斯奔驰、奥迪等欧洲势力都使用改装的赛车，雇用了竞赛经验丰富的技工，以 160 圈左右为目标角逐冠军。然而，丰田坚持使用市面上销售的车型，每辆车上配备的 5—7 名技工也由员工充当。这次竞赛派出的两辆车分别是 Supra 和雷克萨斯 LC。丰田总经理乘坐的是 Supra，4 名司机跑完了 137 圈，没有出现故障。总共有 155 辆车参赛，虽然等级不同，马力也截然不同，Supra 的综合排名是第四十位，LC 位居第五十三位。

丰田让员工担任技工，参加被评为全球最严苛的 24 小时耐力赛（2019 年 6 月 22 日，于德国纽堡林）

丰田总经理身边有位员工声音哽咽了。他叫关谷利之，是 LC 车的首席技工。正式比赛之前，他行驶了 6000 公里，把车调试好了，然而由于零部件故障，在修理站耽误了 2 个小时，总共跑完了 133 圈。他咬了一下嘴唇说："去年耽误了 4 个小时，输得很不甘心，今年想着一定要争口气，可还是输了。"他红着眼角，又说："不过，年轻人很给力。"

纽堡林赛道全长约 25 公里，主要是山地，高低差有 300 米。弯道超过 170 处，多半都看不到前方，被称为"绿色地

狱"。在当地为竞赛加油的海因茨·多马加拉先生说："在这里
跑一圈承受的负荷相当于跑了 1000 公里普通道路，是全世界
最严苛的赛道。"最高行驶时速在 260 公里左右，由于陡坡会
使有的汽车引擎燃烧起来。今年共有 155 辆车参赛，其中 1/3
中途退赛了。多马加拉先生说："丰田章男先生身为高层领导，
不顾生命危险，亲自参加竞赛。这让人感觉到他对制造优质汽
车很负责，丰田车的忠实粉丝增多了。"

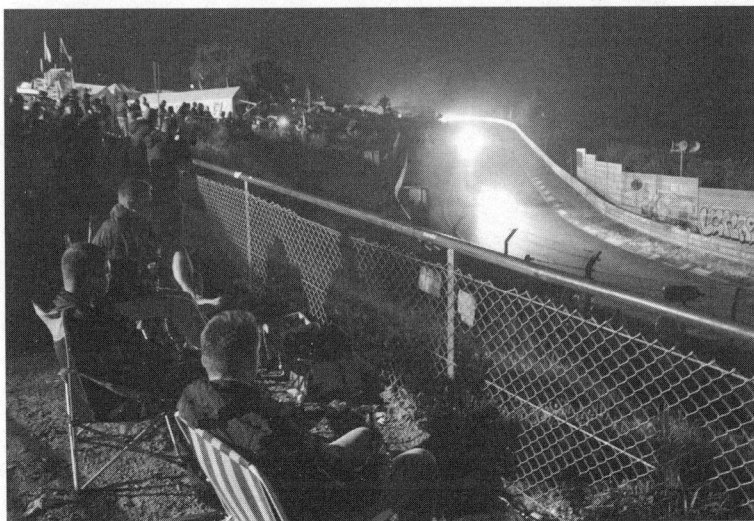

深夜汽车继续行驶在高低差 300 米的山间道路，测试其耐久性（2019 年 6 月
23 日，于德国纽堡林）

一辆车花 1000 个小时，费尽千辛万苦

纽堡林的赛道上弥漫着汽油味和引擎的轰鸣声。由于电动

化浪潮来袭，汽车产业的竞争核心发生了巨大变化，为何必须把人才培养放在核心位置呢？

竞赛结束后，进公司第十七年、负责 Supra 的加藤惠三技工也在修理站抹起了眼泪。他曾长期任职于评价刹车控制的部门，2017 年 1 月被调到了"超高技能培训部"，代表公司参加纽堡林大赛。虽然 Supra 在决赛中没有发生故障，不过他回想起长达 5 个月时间里，在这辆车上花了 1000 个小时左右的辛苦经历，不禁潸然泪下。

纽堡林大赛上几乎每年都会出现伤亡事故。加藤技工持有公司内最高等级的驾驶资格。即便如此，2018 年他初次参加纽堡林大赛后说："由于路面凹凸不平，坡度很大，感受到了前所未有的加速度。如果司机不能信任汽车，根本没办法行驶。"2019 年 2 月开始拆卸零部件，按照竞赛标准反复调试，精心打磨汽车的行驶顺滑度和耐久性。

然而，5 名技工组成的团队都不了解 Supra，用于冷却和润滑的油量很关键，一开始调整零部件还是"无法正常行驶"。陡坡引发了变速器故障，也曾出现过无法换挡的现象。他回忆说："我们也不知道如何精确测量，全都是摸着石头过河。"

丰田通过上路行驶强化人才培养

纽堡林24小时耐力赛（德国）
2007年开始

穿越五大洲项目
（澳洲、南北美、非洲等）
2014年开始

累计近70人

通过严苛的
环境锻炼

合计约600人次

预计3300人在此工作

丰田技术中心下山（爱知）预计 2023 年完工

　　赛事中也曾发生过意料之外的故障。预赛时赛道上散落的橡胶碎片沾到了轮胎上，造成防止车体损伤的加强件弯曲。橡胶碎片积聚起来，加藤技工判断"已经到了需要进修理站的程度"。于是匆忙在决赛前重新制作加强件，正式比赛时一直保持警惕，觉得"应该会发生什么故障"。结束以后，才从长时间的紧张中解放出来。竞赛过程中，更换轮胎大约用 1 分钟，加油时间还剩大约 2 分钟，需要时刻关注汽车的各种变化，对未知的问题也要迅速做出反应。

提到车辆试验，加藤技工说："以前相信只要满足试验标准就没问题。"然而，经历过纽堡林大赛之后，发现自己作为开发方有些自我满足。重要的不是数值，开始强烈意识到，重要的是开车的人感觉如何，怎样才能改进得更好。

主动实践的风气减弱了

2007 年开始参加纽堡林 24 小时竞赛的公司技工合计近 70 人，仅占全部员工的一小部分。不过，参赛人员的范围逐步扩大，成为"先进车辆技术开发部"、"自动驾驶先进安全开发部"等未来汽车制造部门的核心人物。与全球汽车厂商共同开发轮胎的普利司通的井出庆太执行董事认为："纽堡林的赛道上故障频发，会将人逼到绝境边缘。无论发生什么状况都不能放弃，必须在短时间内解决问题，这种经历会促进年轻人迅速成长。"

谷歌开始通过自动驾驶提供出租车服务，软银向全世界的汽车共享企业出资，试图引发交通产业的革命。丰田也将目标定为出行公司，通过与其他公司合作或者自主开发，将出行服务变为一项事业。丰田总经理表示了他的担心："丰田的企业文化是在未知的领域主动实践，并尽可能加以改善，这也是丰田的出发点。企业逐渐壮大，这种风气却减弱了。"

2019 年 2 月底劳资谈判时，管理层说："如果业务外包出去，实际画图的是公司外部人员，那么我们的人就只是负责管理。这样真的好吗？"要鼓励员工进一步提高专业水平和实践能力。

"在极限环境下，锻炼人和车。"穿越五大洲项目始于2014 年，每年有很多部门参加，不仅有技术部门，还有销售、采购、人事、财务等部门。该项目涉及澳大利亚的沙漠、北美的严寒地区与酷暑地区、南美的热带与高原、汽车文化的发祥地欧洲、非洲的土路。截至 2019 年 3 月，合计约 600 人次参加，在各种道路上行驶的总距离超过了 10 万公里。一位参加人员表示："我深深地感到，应该从用户角度考虑问题，以前做得远远不够。"

也有"与我无关"的声音

问题是像这样的项目，无论参加人数还是时间都是有限的。公司内部也有置身事外的声音，觉得"那只是一部分人的经历，与我无关"。为了让更多人才和车型时常可以体验严苛的道路，在大本营附近启动了一处新设施。

在距离丰田市总部 30 分钟车程的地方，开始部分启用新的研发基地，它占地面积很广，大概相当于 140 个东京巨蛋，还有曲折蜿蜒的山路，高低差 75 米，长度超过 5 公里。计划在 2023 年建成高速公路，再现全世界的特殊道路，以开发部门为核心，将有 3300 名员工在这里工作。

从全球范围看，美国的 Local Motors、意大利的"XEV"等初创企业计划用 3D 打印机批量生产低速电动汽车（EV）。各种各样的企业加入到了出行产业，在这样的大环境下，丰田的目标是培育能够直面未知问题、勇于行动的员工。

第二节 电动化时代更要比技能

2019 年 7 月底，在丰田企业内部培训学校里的丰田技术人员培训中心。房间里摆放着一排排电脑，回荡着敲击键盘的声音。写着"挑战"、"勇夺金牌"等集体留言板旁边，入职第三年的川岛一马正在编写程序，用来构建网络系统、对非法访问进行封杀管理。

要掌握不逊于 IT 企业的技术

川岛先生努力解决这一课题，是为了参加 2019 年 8 月在俄罗斯开幕的世界技能大赛，也被称为技能界的奥林匹克。来自世界各国的 1300 多名年轻人聚在一起，在 56 个竞赛项目中争夺世界冠军。日本报名参加 42 个竞赛项目，丰田汽车的员工代表日本参加其中 6 项竞赛。

竞赛内容为"信息技术网络系统管理"。2018 年，川岛先生初次参加国内选拔赛，夺得了金牌。丰田员工在 2011 年和 2013 年连续两届夺得了世界大赛冠军，不过韩国和中国代表也很强。日本在 2015 年和 2017 年连续两届大赛上与金牌失之交臂。

在写着"挑战"的集体留言板前面，川岛一马选手正努力训练 IT 网络系统（爱知县丰田市）

正式比赛的目标是用 4 天时间获得满分 25 分，不过训练有时候只能获得 19 分，川岛先生每天坚持 9 个小时左右的特训。他说："一点点失误就会导致整个系统无法运行。虽然有时候也会感到沮丧，不过前辈们输得很不甘心。我想夺得金牌。"正式比赛的结果是第四名，丰田的一位高层说："有的选手因为没有获得金牌而感到不甘心，往往会在工作岗位上做出巨大贡献。"

汽车行业中的"互联汽车"正急剧增多，搭载了通信功能，可以和外部交换大量数据。有民间机构预测，通过通信功能与外部相连的汽车占全球新车的比例在 2020 年为三成，2035 年将达到九成。网络攻击的风险也会加大，这也是自动驾驶和共享汽车的关键问题。川岛先生表示："将来我想在自动驾驶领域为构建可信度高的网络做出贡献。我想掌握更多不逊于 IT 企业的最新技术。"

参加汽车钣金、IT 网络系统管理、数控机床等技能奥林匹克的选手每天都在丰田技术人员培训中心进行训练（爱知县丰田市）

用手感打造 0.1 毫米的精度

不只是信息技术领域，丰田还派代表参加了传统的制造项目的竞赛。比如，以 0.001 毫米精度加工的"机床"、手工加工车身的"汽车钣金"、用手感打造 0.1 毫米精度模具的"试制车型制作"等。

由于导入机器人和人工智能，全球制造业正加速自动化。有的企业减少了传承手工技能的时间。然而，丰田技术人员培训中心的深津敏昭主任坚持贯彻基本技能的培养，他认为："如果没有彻底钻研制造的原理原则的态度，就无法让技术持续进步，包括机器人技术。"

"数控机床"是将铁或铝加工成精密形状的机床，用来制造齿轮零部件，由于电动化带来的需求增多，也会用于生产电机。

第二次世界大战以后，1950 年，在西班牙的青年组织的提议下，举办了第一届世界技能大赛。通过与葡萄牙的年轻人同台竞技，试图助力战后复兴。参赛条件是，国内选拔赛低于 23 岁，世界大赛低于 22 岁。丰田自 1966 年起，累计派出 660 人次参赛。在国内选拔赛和世界大赛上获得的金牌数量分别是 149 枚、27 枚。在丰田、电装、日立制作所"三巨头"

的引领下，日本在 20 世纪六七十年代获得的金牌数量经常居世界榜首。

日本在世界技能大赛上的夺金数量

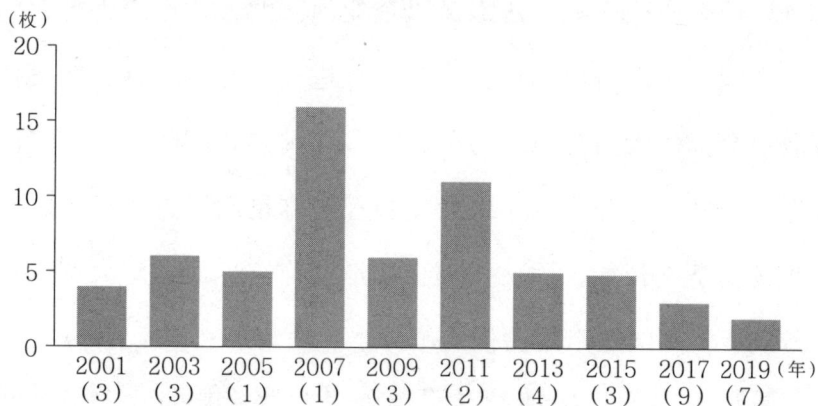

注：括号内为按国家统计的夺金排名。

不过，由于韩国的实力增长，逐渐形成了新的势力版图。2017 年在阿联酋举办的世界技能大赛上，日本受到了挑战。中国在 15 个竞技项目中获得了金牌，相当于所有项目的三成，按照国家统计夺金数量，中国第一次占据了榜首。日本的看家本领"汽车钣金"和"焊接"项目的金牌也被抢走了。日本在 2005 年和 2007 年夺金数量占世界首位，之后韩国连续 4 届夺魁，而 2017 年和 2018 年两届的状元花落中国。

2019 年，日本仅列第七位，其在世界技能大赛上的存在感逐渐变弱。

制造的原理原则

为什么会这样呢？日本是以企业内部的人才培养为主，而中韩两国则由政府出面选拔人才，经过长时间的训练，在设备方面也会提供大力支持。另外，日本在国内和国际上的比赛内容也不一样。比如，汽车钣金项目在日本是测试将铁精密延展并收拢的基本技能，因此用钢板制造迷你车。而国际大赛重视实务技能，比的是修复受损的车身。

每位选手的目标都是夺金，负责车体涂装的八木泽桯哉选手说："5 年来的培训无以为报，只有全身心地攀登巅峰。"不过，深津主任说："我们培养人才的目的归根结底不是夺金，而是让他们彻底理解制造的原理原则，直到最后一刻也不放弃。"

以前参加过技能奥林匹克的员工都活跃在先进领域，比如超精密加工的赛车引擎、用于车展的最新车辆模型、机器人等。他们在有限的时间内解读图纸，准确解决问题的能力得到了锻炼，据技能奥林匹克课的竹内雅臣课长说："有什么难的项目、新的开发，往往会把他们叫过去。"

缺少颠覆性的创意

今后的问题是如何应对世界急剧进步的技术。碳纤维等新材料有可能在汽车上普及，由于物联网系统以及人工智能的普及，生产设备急速高效化。在世界经济论坛 2018 年的"国际竞争力报告"中，日本的综合排名是第五位，看似比较靠前。不过，该报告也指出了问题："日本还在犹豫是否摆脱现状，缺少颠覆性的创意。"丰田技术人员培训中心承担整个公司的技能研修，从 2018 年起开始增加了新材料、人工智能及燃料电池等方面的培训。

很多参赛选手是看到身边的人挑战技能大赛的身影，受到了鼓舞。川岛选手接受了在国际大赛上获得金牌的专家上冈敦哉的指导，他说："他对我要求很严，总是给我提供专业性很强的合理建议，令我十分敬佩。"如果掌握某种特定技能的专家减少的话，就面临后继无人的风险。在经营资源有限的情况下，既要坚持与原理原则挂钩的技能培训，又要判断优先发展哪种新技术，这很考验负责人的眼光。

⌢专访

失败很重要，过程大于结果

丰田技术人员培训中心主任　深津敏昭

——在人工智能与物联网日渐普及的背景下，您认为手工作业的技能奥林匹克意义何在？

按一下按钮就行，会使用最新设备的人很多。不过制造的原理原则和基本技能是一切的基础，如果没有人彻底钻研，制造业就不会进步。无论人工智能还是机器人，重要的是作为根本的人的动作、感性和智慧。参加技能奥林匹克的话，要花三到五年专注于一项基本技能，别人玩的时候自己也要努力，从精神上也会成长。

拿登山打比方的话，丰田的目的不在于站在山顶，我们更重视过程，中途会有失败，有所发现，开动脑筋，最后的成就感会让你激动得流出眼泪。我们的目的是培养未来部门中的核心人物，面临的问题是增加能挖掘学员潜力的指导教师。

——在以电动化为新的竞争核心的时代，具体会如何通用？

按照国际水平设置特定的问题，在短时间内完成任务，不能浪费，不能失误，反复较量。看图纸后主动分析问题、思考解决方案的能力会得到大幅度提升。例如，汽油车和EV的动力不同，由发动机转换为电动机。不过，在每个驾驶场景下，哪种扭矩最合适，通过什么样的技术或技能来实现，这些原理原则依然可以通用。

——中国和韩国在国际大赛上获得的金牌数量在逐渐增多。

中国和韩国的目标是夺金，会以举国之力提供大力支持。而日本是各个企业以有限的时间和资金全力以赴。在夺金数量方面是有些不甘心，不过总经理说，我们的目的是培养人才，希望他们直到最后一刻也不放弃，为了制造更好的产品而努力钻研。

——您认为今后的问题是什么？

日本在国内和国际大赛的竞技内容有所不同。拿试制模型来说，日本是木制模型，而国际上是树脂模型，参赛人数在减少。不过，丰田制造的原点是用锉刀切削，不能丢失这一基本技能。另一方面，由于机械精度的提高，国际大赛的内容自然会发生变化。我们的问题是利用有限的经营资源，着眼未来，看清应该强化的领域。

拼车、虚拟货币、数据应用等新型服务的变化很快。不过，生活中需要现实的物品。一旦失去技能，就要花10倍的时间才能恢复。缺乏能给予指导的人才，很难重新获得公司内部的理解。在守护基本技能的同时，丰田工业学园（技能奥林匹克的选手大半出自此地）也会增加人工智能和燃料电池等新领域的培训。

——在汽车产业的转折期，您认为技术人员培训中心的作用是什么？

越来越多的员工认为，现在的丰田还有利润，没问题。丰田人的起点是朴实刚毅，用智慧打造"好的产品和好的创意"。汽车创业期没有资金，每天不赚一点钱的话，连下一步要用的材料都买不起。通过想方设法彻底省掉浪费、去除库存才能成长起来。现在技能和技术正发生急剧变化，无论哪家企业破产都不足为奇。我们的作用是回到创业的出发点，培养为实现产业报国呕心沥血的人才。

第三节　来到外部的丰田人

在美国亚马逊搜索与人才培养和技术秘诀相关的书籍，书名中包含"丰田"的有100多个品种。比如：《丰田套路》（迈克·鲁斯）、《丰田经营大全》（杰弗瑞·莱克）、《丰田式人才培养改善术》（松井顺一）、《丰田式白领的业务改善》（石桥博史）等等。这些书不仅有代表性的丰田生产方式，也有将问题与解决方法汇总到一张纸上的"A3文化"、彻底查明问题真正原因的"5问为什么"……然而，在丰田的大本营，认为单靠以前的统一培训无法取胜，开始调整方向。

软银决定不断尝试，然后再考虑方式，动作迅速。"MONET Technologies"是丰田与提供出行服务的软银共同出资成立的公司。在此工作的丰田员工对企业文化的不同感到吃惊，丰田的企业文化是精心调查后再决定方针。该员工反省道："丰田的生命线是安全耐用的质量。这一价值观绝对没错，但是以质量为遁词，在信息技术行业看来，改善和挑战的速度有所欠缺。"

新领域的合资公司正急剧增多。与松下联手开展新一代电池及城市建设事业，与优步共同开发自动驾驶，与滴滴出行合作在中国提供出行服务。另外，还聘请了美国的人工智能专家，让其负责硅谷与东京的生产基地。在与其他公司合办的组织工作的丰田人越来越多了。丰田的一名高层说："在外部世界感到自己的不足，必须在新领域贪婪地学习不同的工作方式，否则就要输。"

丰田劳资关系的起点是苦涩的 1950 年。那一年丰田陷入了破产危机，裁减了大约 1500 人，相当于当时全部员工的 1/4。创业人丰田喜一郎总经理也卸任了，公司内屡次发生劳资纠纷。12 年后终于发布了劳资宣言，里面一并记载了"提高生产效率"和"维持并改善劳动条件"的条款。为了避免再次陷入裁员危机，注重培训，提高竞争力。

在汽车开发—生产—销售的商业模式下，据丰田的一名高层说："招聘应届毕业生，在每个现场和阶层进行统一培训的效率很高。"不过，丰田总经理更加担心按照原来的方法会失去竞争力，他说："在技术不断革新的背景下，汽车与城市及多样化服务有了关联，概念发生了巨大变化。"

2018 年 11 月，丰田新设立了"BR 心形人才培育室"，由超过 60 岁的资深工程师进行实践性指导（爱知县丰田市）

由于信息技术的飞跃式发展，有不少企业衰落了。美国的照片用品厂商伊士曼柯达曾居世界首位，1997 年的市值超过了 3 万亿日元。在全世界首次试制了数码相机，2001 年收购了提供照片数据共享服务的企业。虽然也曾采取措施应对变化，却很难变换取得巨大成功的主营业务，于 2012 年破产。虽然在 2013 年再次上市，但市值不到辉煌时期的 1/300。

　　除了与其他行业实践合作，为了摆脱千篇一律的重复，将重点放在专业性和主体性上。2018 年 11 月，丰田在解决经营问题时设立了 BR（业务变革）新组织，命名为"BR 心形人才培育室"。包括兼职大约有 20 名成员，多半都超过了 60 岁，他们分别精通中型车的车身设计、车辆技术开发、成型涂装生产技术等。他们这一代人都是从一张白纸开始画设计图，据人才开发部说："我们的目的是让那些最具专业性的工程师通过实践指导有学习热情的年轻人以及苦恼如何教的骨干员工。"

丰田人才政策的新动向

与竞争对手及其他行业组建合资公司
与软银、松下、马自达、优步、滴滴出行等合作。
回归起点
向日本国内共计 8 万名员工发放记事本，上面记载了丰田纲领、丰田生产方式、原价低减等。
人事变动与招聘
2019 年 1 月，新设 2300 个"管理岗位"，废除常务董事、常务理事、基础管理岗 1—2 级。按照实际业绩提拔或降级。
各个分公司独立实施人才招聘、研修等。

　　2019 年 1 月开始了自主选择式讲座，这在丰田比较少见。

有"人工智能概论线上讲座"、"心理无障碍讲座"等16场，预计将逐年增加。

丰田一直采取按照入职年份进行管理的方式，不过某丰田高层说："在新领域的实力与入职年份没关系，如果实施'一刀切'制度，人才就不会聚集。"因此，人事部和人才开发部的员工分散到雷克萨斯、中型车、小型车等公司内分公司，不再搞全公司"一刀切"，开始独自思考人才招聘与研修内容。2018年向加祖赛车分公司和TPS本部、2019年向互联汽车分公司也调派了负责人事的员工。

汽车行业中裁员的风声渐紧。通用、福特汽车、日产汽车关闭了部分工厂。中国的新车市场低迷，也无法期待发达国家的增长。丰田计划裁员1万人左右，其他行业纷纷加入电动化领域，为了应对新的竞争，也需要巨额资金，估计今后还会继续裁员。

培训造就了日本国内制造业的优势，通过进一步发展，在电动化时代是否也能维持人才的竞争力？汽车行业拥有大量的就业岗位和生产设备，如果需求急剧减少，巨额资金就会流失，很容易陷入经营危机。丰田人才培养模式改革的成败将会左右日本的国际竞争力和就业情况。

后 记

"丰田体育中心"位于爱知县丰田市西部一个绿化很好的地方,它占地面积很广,有田径赛场、足球场、丰田工业学园的校舍。每年12月第一个星期日,会在此举办一场3万人规模的大活动。那就是丰田公司内部各单位对抗的长距离接力大赛,自第二次世界大战结束后从未间断。

一大早场地上就插满了布旗,上面写着"顽强!元町支部""必胜!部件技术信息部"等口号。工厂、技术开发部门、财务等事务性部门、中国和泰国等海外子公司的代表,每8人1组,共计近600组参赛。每年有接近5000人赛跑,同事与家人都来加油助威。

不同企业的体育赛事,规模自然相差悬殊,不过令人吃惊的是他们的热情与团结。某工厂的骨干员工说:"除了正式比赛和第二天，每年训练363天。生产现场也会有突发故障。这项比赛让我养成了一个习惯，无论发生什么状况都不会轻言放弃，要主动去解决问题。"事务性部门的一位新员工跑完以后，坦率地表达了他的感受："因为我不擅长运动，所以训练让我很痛苦。您要问正式比赛的氛围吗？老实说，大家的团结和热情让我有些不知所措。"他表示：明年还想跑，训练时无法缩短时间，感到很累的时候前辈拼命为自己加油。没想到在公司里还能建立这样亲密的人际关系。还会有新人加入，这次想回报一下。

与娱乐活动很少的战后时代不同，随着价值观逐渐多样化，大多数大企业不再举办公司内部运动会。丰田70多年来一直举办公司内部长距离接力赛跑。不知从何时起，这项活动成了传承企业文化的齿轮，就连美国硅谷的人工智能研究子公司也新加入进来了。按照不同的部门、入职年份、功能、兴趣分别组织的活动和酒会也很多。丰田的一名高层说："即使平时意见相左，到了关键时刻也能团结起来，共同解决问题。"

不仅举行长距离接力赛跑，丰田还一直践行企业文化。比如，将产出成果之前的过程和问题可视化的"丰田生产方式（TPS）"、"现地现物主义"、集团上下共同努力达成的"原价低减"等。竞争对手本田的高层也说："虽说我们在海外市场和新技术方面领先丰田，可是丰田那股成功之前绝不放弃的韧劲儿太可怕了。"

我们刚开始连载时，丰田的人事变动、劳资谈判、合作战略中，"破例"一词出现的频率急剧增多了。2018年10月，与软银在新一代出行服务领域开展合作。丰田就连1日元的原价也要斤斤计较，而软银在人工智能领域开展10万亿日元规模的投资活动，两家公司的风气如"水和油"一般截然不同，这让公司内外感到震惊。有人认为合作不会顺利，而丰田总经理说："沙拉调味汁是由水和油组成的。水和水组合在一起也只能是水。"与美国亚马逊、中国最大的电池厂商宁德时代、EV厂商比亚迪等其他行业联手，同时与马自达、铃木、斯巴鲁等同行深化资本关系。经营决策的速度如巨龙腾飞般加速，在名古屋采访丰田的媒体也越来越多。另外，由于日本国内销售网的重新洗牌、集团内部工厂的重组、董事人数的大幅度削减，包括销售店和供应商，对管理层表示不满的声音也增多了。

丰田的未来去向何方？这取决于掌门人章男先生的价值观和行动。2019年6月，他就任整整十年了。

"从零开始打造一座城，即使规模非常小，从很多方面来看也是千载难逢的良机。"2020年举办的CES上，丰田总经理向世界宣布，要打造一座智慧城市"编织之城"，自动驾驶的电动汽车在街上行驶，机器人等尖端技术将汇聚于此。

他的设想是利用静冈县裾野市的丰田汽车东日本的工厂旧址，打造一座未来城市，不仅丰田参与，也在全球征集企业和研究机构。

丰田公司正面临在电动化领域的竞争，该计划着眼于 10 年乃至 20 年后。公司内部有很多反对意见，甚至包括一些高层。丰田总经理不顾反对，坚持到底。继 CES 之后，他在爱知县丰田市丰田汽车总部进行新年致辞时，又向员工发出呼吁："有的人认为'编织之城'和自己的工作没关系，希望大家丢掉这种意识。"

丰田汽车的创业人丰田喜一郎在开始汽车事业时，在爱知县举母町（现丰田市）获得大约 200 万平方米的广阔厂址时，很难说他对将来的构想得到了大家的理解。"如果继续以前的模式，公司将很难维持下去。"出于这种危机感，丰田总经理章男对挑战新领域充满了热情。也许丰田总经理在自己身上看到了当年祖父喜一郎的影子。

在向心力很强的丰田公司，我感觉章男先生比别人更加热爱公司，也承受了更多的孤独，对未来充满危机感。2009 年6 月，他就任丰田汽车的第十一代总经理。当时正处于金融危机，丰田71年来首次出现合并营业赤字。上任第一年，他就决定退出由最高顾问（当时）丰田英二与通用在美国创办的合资公司。同时期，在美国的召回问题正备受热议。2010年2月，章男先生出席了美国议会的听证会。一同出席的稻叶良先生（时任北美丰田总经理）回忆说："如果我们处理不妥，美国舆论将会把它当作一个非常严重的问题。公司内部也有人觉得总经理最好不要出席。不过，章男总经理表达了他对改善质量的决心，他说'每辆车上都有我的名字'，我感觉会场的气氛变了。他的表态也打动了美国人。"2019年，他决定将丰田喜一郎名誉董事长创办的住宅事业与松下整合。如果不是创业人很难做出这些决策，虽然会面对一些批判意见，但他还是做出了决策。

召回问题、东日本大地震、泰国洪水造成的供应链断裂等，面对重重考验，丰田章男反复强调"要制造更好的汽车"、"无论怎样艰难都要守住日本的制造方式"、"年轮式成长"。他吸取了美国召回问题的教训，再加上对前任体制的反思，特意不提出"数值目标"。正因为如此，在媒体、分析家、零部件厂商、销售店看来，中期目标不明确，很多人对这种经营手法表示怀疑。然而，回顾过去10年，大众技术部门曾提出严格的数值目标，结果尾气排放不达标，本田提出要在全球销售 600 万辆，也失去了速度。日产汽车依靠卡洛斯戈恩体制重振了经营，一直坚持"承诺"销售量和利润率，如今陷入了困境。丰田在 2019 年 3 月的合并销售额超过了 30 万亿日元，这对于日本企业来说尚属首次。营业利润率连续 6 年稳定在 10% 左右。可以说丰田章男用实际业绩展示了他独特的经营方式。

在面向未来的举措中，人们的态度还存在差异。2018 年 1 月，丰田章男宣布事业转型，他说："从制造汽车的公司转型为'出行公司'，为全世界人民提供出行相关的一切服务。"随后各大媒体前往丰田的各个部门、供应商、销售店采访，大多数人表示困惑，"不知道该干什么"、"希望早日公布具体战略"。不过，整车厂商位于顶端决定方针，大大小小的零部件厂商组成金字塔形销售新车的产业构造可能会崩塌。由于数字技术的急速发展，美国伊士曼柯达的照片用品、北欧诺基亚的手机等，曾居世界首位的龙头企业一下子衰落了，这样的事例很多。丰田章男向周围的人吐露了他的真正想法："这是一个无法预测，也没有正确答案的时代。如果高层领导指出一条道，尤其是丰田，就会朝这个方向突飞猛进。所有人都要自己思考，拼命挑战，否则就无法生存。"这种态度差异会扩大还是缩小，似乎在很大程度上会左右丰田的竞争力。

新一代出行服务的竞争对手很可能是中美两国的科技公

司。谷歌母公司 Alphabet 的研发费用是丰田的两到三倍，除此之外，还有亚马逊、中国的百度、阿里巴巴、腾讯控股等 IT 企业巨头。丰田旗下有 37 万名员工，几乎把所有力量都集中在了汽车这一产物上。丰田凭借向心力与"改善"这一企业文化发展壮大起来，今后汽车将成为社会体系的一部分，这一产物将会向共享、车内体验等方向转变。大约 80 年前，丰田集团舍弃了在自动织机和纺织领域的成功体验，进军汽车产业。与当时相比，如今似乎需要更大的决心，转型也更难。

掌握集团命运的最大问题是接班人。有人问丰田章男觉得自己适合当丰田总经理吗，他曾经回答"一点儿也不"。入职丰田后，他曾辗转于生产管理、财务、国内营业、新事业、美国、中国等部门。丰田是一个在各个领域磨炼专业性的小社会，需要在短期内拿出成果来。他有过苦涩的经历，"很多人戴着有色眼镜，觉得一个公子哥儿能干什么呢？"佐吉通过自动织机兴办了丰田集团，丰田喜一郎开始了汽车事业，丰田英二挽救了丰田的危机，他的父亲丰田章一郎从 20 多岁就参与经营。丰田家的高层领导都是技术出身，进入汽车制造的开发或生产现场，获得了凝聚力。丰田章男以"MORIZO"的名义参与汽车拉力赛等竞赛活动，作为文科出身，他要想加入汽车制造，也许只能从驾驶入手吧。

丰田章男曾经的上司内川晋先生（原丰田汽车常务董事）评价道："他总是把磨炼转化为成长。越是这种业绩稳定看似一帆风顺的时期，改革越艰难，他却下定决心要干，很了不起。"与中美两国构建关系、制定合作战略、进行公司内部改革，给我的印象是，这一类自上而下的决断与行动在逐渐增多。不过，担任高层领导的时间越长，周围的人就越难提意见。另外，不仅软银的孙正义先生、讯销集团的柳井正先生、日本电产的永守重信先生等代表日本的企业家，永旺的冈田元也总经理等企业家都面临后继乏力的问题。

曾经丰田集团要将主营的自动织机和纺织转换为汽车，于1935 年公布了丰田纲领，其中有"应以产业成果报效国家"、"应潜心研究与创造，时刻站在时代潮流的最前端"。在组织庞大的丰田分享危机意识、迅速应对电动化时代，眼前的障碍比当时大得多。

在这条荆棘密布的道路上，丰田章男如何改变丰田集团、培养接班人、继承下去呢？丰田迎来了变革期，这也关系到未来日本产业的兴衰。

汽车的配套产业非常庞大，我们在采访时得到了丰田内外诸多有关人士的协助，借此机会一并表示感谢。